Sabine Städing

Petronella Apfelmus

Weitere Titel der Autorin:

Petronella Apfelmus – Verhext und festgeklebt, Band 1

Petronella Apfelmus – Zauberschlaf und Knallfroschchaos, Band 2

Petronella Apfelmus – Schneeballschlacht und Wichtelstreiche, Band 3

Petronella Apfelmus – Zauberhut und Bienenstich, Band 4

Petronella Apfelmus – Hexenbuch und Schnüffelnase, Band 5

Petronella Apfelmus – Schnattergans und Hexenhaus, Band 6

Petronella Apfelmus – Hexenfest und Waldgeflüster, Band 7

Petronella Apfelmus – Zaubertricks und Maulwurfshügel, Band 8

Petronella Apfelmus – Eismagie und wilde Wichte, Band 9

Petronella Apfelmus – 24 weihnachtliche Geschichten aus dem Apfelhaus, Band 10

Petronella Apfelmus – Burggespenst und Hexensümpfe, Band 11

Überraschungsfest für Lucius, Band 1 (Erstleser)

Wer schleicht denn da durchs Erdbeerbeet?, Band 2 (Erstleser)

Krawall im Hühnerstall, Band 3 (Erstleser)

Basteln und Spielen mit Petronella Apfelmus – 99 zauberhafte Ideen für Frühling und Sommer

Basteln und Spielen mit Petronella Apelmus – 99 zauberhafte Ideen für Herbst und Winter

Petronella Apfelmus – Mein weihnachtliches Back- und Bastelbuch

Petronella Apfelmus – Das Adventskalenderbuch

Titel in der Regel auch als E-Book erhältlich

Sabine Städing

Petronella Apfelmus

Schnattergans und Hexenhaus

Mit Illustrationen von SaBine Büchner

Noch mehr tolle Bücher, viele Videos und Ideen zum Basteln, Rätseln, Backen, Zeichnen und Spielen gibt's hier: baumhausbande.com.

Die Bastei Lübbe AG verfolgt eine nachhaltige Buchproduktion. Wir verwenden Papiere aus nachhaltiger Forstwirtschaft und verzichten darauf, Bücher einzeln in Folie zu verpacken. Wir stellen unsere Bücher in Deutschland und Europa (EU) her und arbeiten mit den Druckereien kontinuierlich an einer positiven Ökobilanz.

Vollständige Paperbackausgabe
der bei Bastei Lübbe erschienenen Hardcoverausgabe.

Umschlaggestaltung: Kirstin Osenau unter Verwendung einer Illustration
von © SaBine Büchner
Innengestaltung und Satz: Christina Krutz, Biebesheim am Rhein
Gesetzt aus der Adobe Caslon Pro
Druck und Einband: GGP Media GmbH, Pößneck

Printed in Germany
ISBN 978-3-8339-0852-1

5 4 3 2 1

Was muss, das muss

Wie eine Sternschnuppe zischte Petronella Apfelmus auf ihrem Besen über den nächtlichen Garten und landete leise auf dem dicken Ast vor ihrem Apfelhaus. Sofort wurde die Haustür geöffnet, und Lucius, der Hirschkäfer, sah gespannt heraus.

»Und?«, fragte er neugierig.

Petronella stieg von ihrem Besen. »Ich habe es getan«, antwortete sie und rückte ihren Hexenhut energisch zurecht.

»Oje, da wird Gurkenhut aber ganz schön sauer werden!«, summte Lucius.

»Das ist mir gleich«, erwiderte die kleine Hexe und marschierte hocherhobenen Hauptes ins Haus. Der Käfer brauchte ihr das schlechte Gewissen ja nicht gleich anzusehen.

»Du hättest die Sache in aller Ruhe mit den Apfelmännchen besprechen müssen«, fand Lucius.

Petronella hängte seufzend ihren Mantel an die Garderobe.

»Ich habe es versucht, aber du kennst sie ja. Das Wort

war noch nicht einmal ausgesprochen, da waren sie schon auf der Palme!«

Lucius zuckte die Käferschultern. »Es gibt niemanden, der sich mit dem Holz der Bäume besser auskennt als ein Apfelmännchen.«

»Und niemand versteht mehr von der Gärtnerei als ein Gartenzwerg. Punkt!« Entschlossen ging Petronella in ihre Küche und setzte einen Kessel Wasser auf. Sie brauchte jetzt unbedingt einen heißen Tee. Denn auch, wenn es längst Sommer war, war es auf dem Besen empfindlich kalt gewesen. Außerdem wollte sie sich von Lucius kein schlechtes Gewissen einreden lassen. Die Frühjahrsstürme hatten zwei ihrer ältesten Apfelbäume entwurzelt. Über den Verlust war Petronella sehr traurig gewesen. Zum Glück war es ihr gelungen, aus den Apfelkernen der Bäume kleine Sprösslinge zu ziehen. Die wollte sie an genau derselben Stelle einpflanzen, an der die alten Apfelbäume gestanden hatten. Doch dazu musste der Boden gut vorbereitet werden. Wurzelwerk musste ausgegraben und Pflanzlöcher mussten ausgehoben werden. Viel zu viel Arbeit für die Apfelmännchen, fand Petronella. Und deshalb war sie bis weit hinter den Haspelwald geflogen und hatte bei *Bergwerk & Blume* einen Gartenzwerg bestellt. Eigentlich hätte sie lieber drei Zwerge gehabt, aber Gartenzwerge waren gerade im Sommer besonders beschäftigt. Deshalb musste sie mit einem Zwerg vorliebnehmen. Er war ein recht eigenwilliger Bursche, wie ihr die Wichtelfrau der Arbeitsvermittlung erzählte. Aber er verstand sein Handwerk, und Klagen hatte es auch nur hin und wieder gegeben.

Was blieb Petronella also anderes übrig, als sich mit dem einen Zwerg zufriedenzugeben.

Als der Teekessel pfiff, goss sie sich einen leckeren Apfeltee auf und setzte sich in ihren bequemen Sessel neben dem Fenster. Sie zog ihre Hexenstiefel aus und wackelte zufrieden mit den Zehen. »Ach, ist das herrlich«, seufzte sie.

»Wann soll der Gartenzwerg denn mit der Arbeit anfangen?«, wollte Lucius von der Küche aus wissen. Doch er bekam keine Antwort. »Das wird man doch wohl noch fragen dürfen«, beschwerte sich der Hirschkäfer. »Oder ist es neuerdings Hexensitte, dass man einem Käfer nicht mehr antworten muss?«

Noch immer keine Antwort.

»Petronella?!« Jetzt reichte es Lucius. Er ging nach nebenan, um nachzusehen. Da saß die Apfelhexe, alle viere von sich gestreckt, in ihrem Sessel und schnarch-

te leise vor sich hin. Natürlich konnte Lucius ihr nicht länger böse sein. Er wusste ja, wie gefährlich der Weg zwischen den sieben Bergen war. Nicht genug, dass auf manchen Gipfeln noch immer Schnee lag, dort lebte auch ein Schwarm Greife. Sie waren die Letzten ihrer Art, aber das machte sie nicht weniger gefährlich. Als eine Mischung aus Adler und geflügeltem Löwen waren sie selbst für Hexen eine ernstzunehmende Gefahr.

Also holte Lucius Petronellas Lieblingsdecke aus Yetiwolle und deckte seine Freundin gut damit zu.

Petronella hatte geschlafen wie ein Bär im Winter. Zwar war sie mitten in der Nacht vom Gekicher der Glühwürmchen aufgewacht, die wie kleine Scheinwerfer zu ihr ins Wohnzimmer leuchteten. Doch da hatte sie einfach ihre Decke geschnappt und war in ihr eigenes Bett umgezogen.

Als Petronella nun das zweite Mal aufwachte, war es bereits helllichter Tag. Sie sprang aus dem Bett, reckte und streckte sich, als wollte sie ein paar Äpfel von einem ihrer Bäume pflücken, und sah dann durch ihr goldenes Piratenfernrohr hinunter in den Garten. Alles war wie immer … bis auf Herrn Kuchenbrand, der in diesem Moment in die Auffahrt zur Zaubermühle einbog und quietschend vor dem Müllerhaus hielt. Sofort wurde die Haustür aufgerissen, und Lea und Luis stürzten aus dem Haus. Paul Kuchenbrand hielt lachend einen Umschlag in die Luft, und auch Maike Kuchenbrand, die Mutter der Zwillinge, strahlte über das ganze Gesicht.

Petronella runzelte die Stirn. Nicht dass sie beson-

ders neugierig gewesen wäre, aber es ärgerte sie schon, dass das Fledermauslauschohr nicht mehr auf dem Dach des Müllerhauses saß. Entschlossen stellte sie ihr Piratenfernrohr schärfer und zoomte die Kuchenbrands ein bisschen näher zu sich heran. *Sunshine Holidays* stand in dicken Buchstaben auf dem blauen Umschlag, den Herr Kuchenbrand über seinem Kopf schwenkte.

Hm, überlegte Petronella. Was hatte das nun wieder zu bedeuten?

Die Apfelhexe brauchte nicht lange auf eine Antwort zu warten. Denn kurz darauf zogen die Zwillinge auch schon an der Klingelschnur, die von ihrem Baum herabhing. Sofort ließ Petronella die magische Strickleiter herunter.

»Petronella! Petronella!«, riefen die Kinder, während sie raufkletterten und mit jeder Sprosse kleiner und kleiner wurden. »Du errätst nie, was gerade passiert ist!«, japste Luis.

Petronella war gespannt wie ein Flitzbogen. »Was denn?!«, rief sie. »Hat euer Vater etwa im Lotto gewonnen?«

»Wie kommst du darauf, dass es was mit Papa zu tun

P.A

hat?«, fragte Lea, als sie endlich auf dem dicken Ast vor Petronellas Haustür standen.

»Ich … och … Das habe ich bloß geraten!«, stotterte die Apfelhexe und wurde ein bisschen rot. »Aber jetzt erzählt schon …!«

»Rate noch mal«, forderte Luis sie auf.

»Hm …« Petronella tat, als würde sie ungeheuer scharf nachdenken. »Ein Lottogewinn ist es also nicht.« Sie sah die Kinder verschmitzt an. »Habt ihr vielleicht eine Flaschenpost im Mühlteich gefunden?«

Lea und Luis kicherten. »Ganz kalt.«

»Oder hat Nofretete womöglich ein goldenes Ei gelegt?«

Lea und Luis schüttelten den Kopf.

»Ich weiß!«, rief Petronella. »Ihr habt bei einem Preisausschreiben mitgemacht und eine Weltreise gewonnen, stimmt's?«

»Fast«, sagte Luis. »Wir fahren in den Urlaub.«

»Last minute! Und es geht schon in zwei Tagen los!«, bestätigte Lea.

»Wirklich?« Die Apfelhexe klatschte begeistert in die Hände. Seit die Kuchenbrands ins Müllerhaus gezogen waren, hatten sie noch nie Urlaub gemacht. »Wo soll es denn hingehen?«

»Auf einen richtigen Bauernhof!«, jubelte Lea. »Mit Pferden, Gänsen, süßen Schweinchen, kleinen Katzen …«

»Elefanten und Tigern …«, spottete Luis. »Du weißt doch noch gar nicht, welche Tiere es da gibt.«

»Ihr macht Urlaub auf dem Bauernhof?«, staunte Petronella.

»Ja, schau mal!« Lea faltete den Prospekt auseinander, den ihr Vater mitgebracht hatte. »Sieht das nicht schön aus?«

Petronella nickte. »Der Ferienhof liegt in der Heide«, stellte sie fest. »Eine sehr schöne Gegend. Meine Cousine lebt dort in einem windschiefen Häuschen. Wenn ihr sie trefft, grüßt sie schön von mir.«

»Machen wir«, versprach Luis. »Aber jetzt müssen wir los. Wir haben noch eine ganze Menge zu tun …«

»Dann wünsche ich euch viel Spaß!«

Luis war schon dabei, die Strickleiter wieder herunterzuklettern, als Lea sich noch einmal zu Petronella umdrehte. »Jetzt hätten wir es beinah vergessen. Könntest du vielleicht nach den Hühnern sehen, solange wir weg sind?«, fragte sie.

»Nicht nur sehen!«, rief Luis von der Leiter aus. »Du musst sie auch füttern und rauslassen und ihnen die Federn kraulen.«

»Wenn die Liste noch länger wird, hat Petronella bestimmt keine Lust mehr, sich um die Hühner zu kümmern«, flüsterte Lea leise.

Doch die Apfelhexe lachte. »Seid ganz beruhigt. Natürlich kümmere ich mich um Nofretete & Co. Ich freue mich schon auf einen gemütlichen Plausch mit den Damen. Ist schon eine Weile her, dass wir uns so richtig ausführlich unterhalten haben.«

Lea atmete erleichtert auf. »Du bist die Beste!«, strahlte sie.

»Die beste und schlauste und netteste Apfelhexe, die die Welt je gesehen hat!«, bestätigte Luis.

»Na, na, ihr braucht nicht gleich so dick aufzutragen«, summte Lucius, der genau in diesem Moment neben ihnen auf dem Ast landete. »Unsere Apfelhexe wird sonst noch genauso eingebildet wie die grässliche Hexobine Höckerbein.«

»Keine Angst«, lachte Petronella. »Du wirst schon dafür sorgen, dass ich meine Nase nicht zu hoch trage …«

»Apropos Nase«, brummte Lucius. »Gurkenhut schickt mich. Rübenbach wurde von einer Hornisse in die Nase gestochen. Jetzt ist sie so dick wie eine Zigarre und tut schrecklich weh.«

Petronella seufzte und schnippte mit den Fingern.

Sofort kam ihre Arzttasche aus dem offenen Fenster gesegelt und landete neben ihr auf dem Ast.

»Tut mir leid, meine Lieben«, sagte sie zu den Kindern. »Rübenbach braucht meine Hilfe. Wir sehen uns später!« Und mit diesen Worten kletterte die kleine Hexe auf Lucius' Rücken und schwirrte zwischen den Apfelbäumen davon.

Eine stachelige Angelegenheit

Vor dem Müllerhaus war Herr Kuchenbrand gerade dabei, drei riesige Koffer in ihrem alten Auto zu verstauen.

»Verflixt!«, schimpfte er und nahm eines der Gepäckstücke wieder heraus.

Erstaunt kamen die Zwillinge näher. »Was tust du da, Papa?«, wollte Lea wissen.

»Hast du schon gepackt?«, wunderte sich Luis.

»Nein, das ist nur der Testlauf. Ein Versuch sozusagen«, brummte ihr Vater.

»Ach so. Du willst bloß wissen, wie viele Koffer ins Auto passen«, überlegte Lea.

»Stimmt genau. Es ist schließlich schon eine ganze Weile her, seit wir das letzte Mal im Urlaub waren. Und sicher ist sicher.«

»Ich kann mich noch so gut an unseren Urlaub an der Ostsee erinnern«, schwärmte Lea. »Wir waren noch ganz klein, und es war wunderschön.«

»Ja, es war ungeheuer gemütlich, als der Regen auf das Zeltdach prasselte und das Teewasser auf dem Gaskocher langsam heiß wurde«, brummte Herr Kuchenbrand und versuchte, den Koffer hochkant zu verstauen. Ratlos kratzte er sich am Kopf. Jetzt ließ sich der Kofferraum nicht mehr schließen.

»Das kriegen wir schon hin, Papa. Luis und ich brauchen keinen Koffer. Wir nehmen einfach unsere Rucksäcke mit«, schlug Lea vor.

»Genau«, nickte Luis. »Auf der letzten Klassenfahrt bin ich fünf Tage mit demselben T-Shirt und derselben Hose ausgekommen.«

»Das würde natürlich erheblich Platz sparen«, erwiderte sein Vater. »Ich glaube allerdings nicht, dass deine Mutter damit ein-

verstanden wäre.« Und mit diesen Worten lud er sämtliche Koffer wieder aus und trug sie zurück ins Haus.

Petronella war inzwischen im hinteren Teil des Gartens gelandet. Sie stieg von Lucius' Rücken und schüttelte die silbernen Apfelkerne in ihrer Rocktasche. Augenblicklich stand sie in normaler Hexengröße da. Mit langen Schritten lief sie zu den Apfelmännchen, die sich allesamt um Rübenbach versammelt hatten. Der arme Kerl saß auf einem getrockneten Butterpilz, den die Apfelmännchen als Schemel benutzten, und hielt sich mit beiden Händen die schmerzende Nase.

»Was ist passiert?«, rief Petronella, während sie näher kam.

»Rübenbach hat seine neugierige Nase mitten in ein Hornissennest gesteckt«, antwortete Spargelzahn.

»Nin, ab ich nicht!«

»Er hat seine Nase in ein Astloch gesteckt, in dem neuerdings ein ganzer Hornissenstaat lebt«, erklärte Gurkenhut.

»Zeig mal her!« Petronella stellte ihre Arzttasche ins

Gras, und Rübenbach nahm zögernd die Hände von seiner Nase.

»Hohoho!«, lachte Spargelzahn. »Es sieht aus, als hätte dir jemand eine Zigarre mitten ins Gesicht geklebt.«

»Sehr witzig!«, schimpfte Rübenbach.

Petronella holte einen Tiegel mit einer gurkengrünen Creme heraus.

»Was ist das?«, fragte Rübenbach misstrauisch.

»Das ist eine Salbe aus Wasserlinsen und Eisblumen-

extrakt«, erwiderte Petronella und trug die Creme behutsam auf Rübenbachs Nase auf.

»Die riecht aber komisch ...«, wunderte sich der Apfelmann. Doch dann strahlte er plötzlich. »Aber sie ist herrlich kühl! Ich habe schon fast keine Schmerzen mehr.«

Petronella lächelte zufrieden. »So soll es sein! Jetzt brauchst du bloß noch eine Teich...« Sie sah sich erstaunt um, denn ein tiefes, bedrohliches Brummen erfüllte die Luft.

»Vorsicht! Hornissen im Anflug!«, rief Bohnenhals. »Ooooh, das sieht nicht gut aus!«

Sofort griff Spargelzahn nach seiner Harke und fuchtelte drohend damit herum. »Kommt bloß her, wenn ihr Ärger haben wollt!«

Die Hornissen summten wütend auf und zeigten ihre gefährlichen Stacheln.

Entschlossen griff Petronella nach ihrem Zauberstab.

»Eene, meene, grausebumm,
blinder Zorn ist immer dumm!
Schneckenschleim und grünes Gras,
es schützt uns eine Wand aus Glas!
Ping, pong!«

Im selben Moment machte es »plopp«, und die Hornissen brummten erneut wütend auf. Sosehr sie sich auch bemühten, sie kamen einfach nicht weiter. Mit Anlauf flogen sie auf Petronella und die Apfelmännchen zu und prallten doch immer wieder gegen die unsichtbare Wand, die Petronella gezaubert hatte.

Schließlich lösten sich drei Wächterhornissen aus dem kreisenden Schwarm und flogen ganz dicht an die Glaswand heran. »Warum verteidigst du diesen Apfelmann?«, summte einer der Wächter. »Um ein Haar hätte er unsere Königin mit seiner langen Nase aufgespießt!«

»Es war ein Versehen. Rübenbach wollte eure Königin nicht verletzen«, antwortete Petronella. »Oder, Rübenbach?«

»Natürlich nicht!«, rief der Apfelmann. Er war noch immer wütend, obwohl seine Nase kaum noch wehtat. »Ich wollte bloß nachsehen, wie tief das Astloch ist. Woher sollte ich wissen, dass dort eine Hornissenkönigin still und heimlich ihren Staat gegründet hat?«

»Seht ihr, es war ein Versehen!«, sagte Petronella zu den Hornissen.

Die putzten verlegen ihre Beißzangen und zogen ihre Stacheln wieder ein.

»Am besten, ihr vertragt euch wieder«, schlug die Apfelhexe vor. »Ich freue mich nämlich, dass ihr in diesem Jahr meinen Garten besucht. Blumen und Obstbäume werden es euch danken. Niemand kann Blütenpollen besser verteilen als ein paar stattliche Hornissen! Allerdings dürft ihr meinen Freunden nichts zuleide tun. Von jetzt an steht Fallobst auf eurem Speiseplan. Das ist meine Bedingung!«

Die Hornissen schwirrten brummend umeinander

herum. Dann näherte sich eine Wächterhornisse noch einmal der unsichtbaren Wand. »Wir haben ein bisschen übertrieben. Es tut uns leid«, summte sie. »Wir wollten niemanden verletzen.«

»Nun gut«, antwortete Petronella. »Ich denke, Rübenbach wird eure Entschuldigung annehmen, oder?«

Rübenbach nickte mürrisch. »Meinetwegen.«

Nach diesen Worten griff Petronella noch einmal zu ihrem Zauberstab und tippte damit dreimal gegen die magische Scheibe. Es klirrte, als würde ein Spiegel zerspringen, und der Weg für die Hornissen war wieder frei.

»Vielen Dank«, murmelten die Hornissenwächter und schwirrten eilig über Petronella und die Apfelmännchen hinweg, bis zu dem Apfelbaum, in dem ihre Königin wohnte.

Zaubermühle, 16 Uhr

»Ich muss Ann-Kathrin noch meine Urlaubsadresse geben, mein Lieblingskleid waschen, meine Lieblingsbücher einpacken, Briefmarken kaufen und mich von den Hühnern verabschieden …«, zählte Lea auf, als die ganze Familie zusammen in der Küche saß. Es sollte schon bald losgehen, und es gab noch so viel zu erledigen vor dem Urlaub.

»Vergesst nicht, genügend Hühnerfutter zu kaufen, damit sich Frau Apfelmus nicht auch noch darum kümmern muss«, sagte ihre Mutter, während sie ein paar Kuchenkrümel aus dem Backofen fegte. »Ich finde es übrigens sehr nett von unserer Nachbarin, dass sie sich so kurzfristig bereit erklärt hat, nach den Hühnern zu sehen.«

»Das finden wir auch«, sagte Luis.

»Ja, sie ist sehr nett«, nickte Lea.

»Vielleicht sollten wir sie morgen Nachmittag zu einer Tasse Kaffee in die Zaubermühle einladen«, überlegte Herr Kuchenbrand. Er war gerade damit beschäftigt, ein Schild zu malen. *Wegen Urlaub geschlossen* stand darauf.

»Ach, ich weiß nicht«, sagte Lea hastig. »Ich glaube nicht, dass Petro… Frau Apfelmus Zeit hat, bei uns Kaffee zu trinken.«

»Ja, sie ist immer wahnsinnig beschäftigt«, pflichtete Luis seiner Schwester bei.

»Na ja, für eine Tasse Kaffee wird ihre Zeit schon reichen«, meinte ihre Mutter. »Ich fände es etwas seltsam, einfach in den Urlaub zu düsen und darauf zu vertrauen, dass sie sich um unsere Hühner kümmert.«

»Eure Mutter hat recht. Fragt sie doch mal, ob sie morgen Nachmittag vorbeikommen will. Muss ja nicht für lange sein.« Zufrieden betrachtete Paul Kuchenbrand sein Schild. »Sieht super aus, oder was meint ihr? Habe ich nicht eine tolle Schrift, und sind mir die kleinen Tortenstückchen darauf nicht grandios gelungen?«

Lea und Luis nickten. »Das hast du super gemacht, Papa. Wenn irgendwann keine Gäste mehr in die Zaubermühle kommen, könntest du glatt Künstler werden.«

»Vielen Dank! Genau das wollte ich hören«, lachte ihr Vater. »Und jetzt lauft zu Frau Apfelmus und richtet ihr aus, dass wir uns sehr über ihren Besuch freuen würden.«

Lea und Luis sahen sich an. »Machen wir, Paps«,

versprach Luis und zog seine Schwester mit sich aus der Küche.

Gleich vor der Haustür blieben sie stehen. »Typisch Mama und Papa!«, seufzte Lea. »Warum glauben sie uns nicht einfach, dass sich Petronella um die Hühner kümmert?«

»Keine Ahnung«, brummte Luis und kickte einen Kieselstein in die Hecke. »Petronella wird bestimmt nicht erfreut sein, wenn wir ihr sagen, dass sie hier morgen Nachmittag bei uns Kaffee trinken soll.«

»Bestimmt nicht«, nickte Lea. »Am besten wir bringen es gleich hinter uns!«

Seite an Seite liefen die Zwillinge durch den Garten bis zum Apfelbaum ihrer Freundin. Luis wollte gerade an der Klingelschnur ziehen, als Lea ihn auf einen Zettel aufmerksam machte, den Petronella mit Eisbärenrotz am Baum festgeklebt hatte. BIN AM MÜHLTEICH stand da.

»Woher wusste Petronella, dass wir gleich zu ihr kommen?«, wunderte sich Lea.

»Sie ist eine Hexe. Hexen wissen so was«, sagte Luis.

So schnell sie konnten, liefen die Geschwister zum Mühlteich. Bereits von Weitem waren laute Stimmen zu hören.

»Jetzt mach schon! Ja, stell dich nicht so an!«

»Ich will aber nicht!«

»Na los!«

»Ich habe Nein gesagt!«, grollte Rübenbach und verschränkte die Arme vor der Brust.

»Es tut ganz bestimmt nicht weh!«, beruhigte ihn Petronella.

»Ich weiß, aber es stinkt und sieht ziemlich blöd aus. Außerdem ist die Salbe, die du mir auf die Nase gestrichen hast, vollkommen ausreichend.«

»Mit einer Teichtrompete auf der Nase geht die Schwellung dreimal so schnell …«

»Ich setze mir keine Teichtrompete auf die Nase. Basta!«, rief Rübenbach empört.

»Blubb! War ja bloß ein Angebot.« Bommel, der Karpfen aus dem Mühlteich, war ein wenig beleidigt. »Ich hätte dir die Teichtrompete persönlich gepflückt. Aber wenn du dir nicht helfen lassen willst … selber schuld.«

»Ach, hier seid ihr!«, rief Luis, als er und Lea den Steg erreichten. »Wie geht's deiner Nase?« Er sah Rübenbach fragend an.

»Danke, schon viel besser. Noch besser würde es ihr allerdings gehen, wenn man mich endlich in Ruhe lassen würde!«, schimpfte der Apfelmann.

»Wollt ihr zu mir?« Petronella sah die Kinder fragend an.

Die Zwillinge nickten. »Ja, ähm … Du bist doch so nett und kümmerst dich um die Hühner, während wir im Urlaub sind, oder?«

»Natürlich, das haben wir doch schon besprochen«, wunderte sich Petronella.

»Ja, stimmt«, sagte Lea. »Das Dumme ist bloß, Mama und Papa wissen es jetzt auch …«

»Und sie wollen sich unbedingt bei dir bedanken«, brachte Luis den Satz zu Ende.

»Morgen Nachmittag in der Zaubermühle, mit Kaffee und Kuchen«, sagte Lea.

Jetzt war es raus. Die Kinder sahen ihre Freundin gespannt an.

»Was?!« Erschrocken blickte Petronella von einem zum anderen. Menschen waren der kleinen Hexe nicht ganz geheuer, und sie ging ihnen am liebsten aus dem Weg.

»Uns tut es auch leid«, sagte Luis. »Aber die beiden haben sich einfach nicht davon abbringen lassen.«

»Oje, oje, was mach ich bloß?« Die kleine Hexe wurde ganz wuselig vor lauter Aufregung. »Könntet ihr nicht sagen, ich wäre krank?« Sie sah die Kinder kläglich an. »Ich fühle mich tatsächlich schon ganz schwach.«

Luis grinste. »Das sind bloß die Nerven.«

»So was zieht bei Mama nicht«, sagte Lea. »Wenn du nicht kommst, kommen sie ganz sicher zu dir.«

»Zu mir? … Na gut, ich nehme …« Petronella räusperte sich. »Ich nehme eure Einladung an. Um wie viel Uhr soll ich da sein?«

»So gegen 16 Uhr. Dann ist in der Zaubermühle Hochbetrieb, und sie haben nicht so viel Zeit, mit dir zu reden«, schlug Luis vor.

Die Apfelhexe überlegte einen Moment. »Na schön, ich werde da sein«, sagte sie. Und ein übermütiges Lächeln huschte ganz plötzlich über ihr Gesicht.

Ein hühnerstarker Auftritt

Am nächsten Nachmittag herrschte tatsächlich Hochbetrieb im Café *Zur Zaubermühle*. In Windeseile hatte es sich herumgesprochen, dass die Kuchenbrands in den Urlaub fahren wollten. Wer noch Appetit auf ein leckeres Stück Stachelbeertorte hatte, die Herr Kuchenbrand so hervorragend backte, musste sich beeilen.

Immer wieder sah Luis auf die Uhr. »Es ist schon Viertel nach vier. Wo Petronella bloß bleibt?«

Da bog eine vornehm gekleidete Dame in den Garten der Zaubermühle ein. Lea stieß ihren Bruder an. »Guck mal. Ich glaube, da kommt sie!«

Luis sah erstaunt in ihre Richtung. »Und warum ist Petronella so groß?«

Lea kicherte. »Weil ihre Schuhe so hohe Absätze haben.«

Und das war längst nicht alles. Auf dem Kopf der Apfelhexe thronte ein gewaltiger Hut, und darauf verteilt saßen sechs winzige braune Minihühner.

Die Zwillinge trauten ihren Augen nicht. »Sind die echt?«, fragte Luis verblüfft.

Lea schluckte. Sie war hin- und hergerissen. Einerseits waren die kleinen Hühnchen absolut entzückend, andererseits konnte sie sich den Trubel und das Gelächter schon ausmalen, sobald die ersten Gäste Petronellas Hut bemerkten. Eilig liefen die Kinder ihrer Freundin entgegen.

»Hallo, Petronella! Schön, dass du da bist. Setz dich am besten gleich hierhin.« Lea deutete auf einen Tisch, der etwas abseits der anderen stand, und sah sich nervös um. Noch hatte niemand Petronellas Hühnerhut bemerkt. »Ähm, könntest du die Hühnchen nicht unauffällig verschwinden lassen?«, flüsterte sie der Apfelhexe ins Ohr.

Doch das hatten die Hühner gehört. »Pork, pork!«, zwitscherten sie erbost und hackten mit ihren kleinen Schnäbeln nach Leas Haaren.

»Ich soll die Hühner verschwinden lassen?«, fragte Petronella empört. »Weißt du, wie lange ich für diesen Zauber gebraucht habe?«

»Bitte, Petronella!« Lea sah sich erneut unbehaglich um.

»Kikeri!«, krähten die Hühnchen nun.

»So einfach geht das nicht. Der Hut soll mich als Hühnerexpertin ausweisen, damit eure Eltern keine langen Fragen stellen.« Trotzdem kramte die Apfelhexe jetzt in ihrer Handtasche nach dem Zauberstab. »Aber wenn es euch nicht gefällt …

Lirum, larum, braunes Huhn.
Was soll ich dagegen tun?
Sommerhut aus Tüll und Rüsch,
ich verwandle euch in Plüsch.
Gack, gack!«

Die Hühnchen flatterten kurz mit den Flügeln, dann saßen sie still und stumm auf Petronellas Hut. »Habt ihr sonst noch Wünsche?«, fragte die Apfelhexe ein bisschen beleidigt.

»Nein, Hauptsache, du verwandelst sie nachher wieder in echte Hühner.«

»Selbstverständlich!«, antwortete Petronella.

»Da kommen Mama und Papa!«, rief Luis und winkte seinen Eltern zu.

Herr und Frau Kuchenbrand kamen mit einem Kaffeegedeck und einem großen Stück Stachelbeertorte an Petronellas Tisch.

»Frau Apfelmus!«, rief Maike Kuchenbrand schon von Weitem. »Wie nett, dass Sie unsere Einladung angenommen haben!«

»Aber ich bitte Sie, das ist doch selbstverständlich.« Petronellas Stimme klang ein wenig gekünstelt.

»Einen tollen Hut haben Sie da«, lobte Herr Kuchenbrand und zwinkerte seiner Frau zu.

Petronella nickte geschmeichelt.

»Die Kinder haben gesagt, Sie wären so freundlich und würden sich während unseres Urlaubs um die Hühner kümmern …« Frau Kuchenbrand stellte Kaffee und Kuchen vor der Apfelhexe auf den Tisch.

»Aber das ist doch selbstverständlich …«, flötete Petronella und nippte an ihrem Kaffee.

»Frau Apfelmus kennt sich prima mit Hühnern aus«, kam ihr Luis zu Hilfe.

»Das sieht man schon am Hut«, antwortete Herr Kuchenbrand und versuchte, sich ein Lachen zu verkneifen.

»Das ist wirklich nett von Ihnen«, sagte Maike Kuchenbrand. »Wo Sie doch selbst so viel unterwegs sind.«

»Ja, das stimmt …«, gab die Apfelhexe zu und sah sich unbehaglich um. Ihr gefiel der Trubel rundherum nicht besonders.

»Wohin ging denn Ihre letzte Reise?«, erkundigte sich Herr Kuchenbrand höflich.

»Hinter die sieben Berge«, antwortete Petronella wahrheitsgemäß.

Herr und Frau Kuchenbrand tauschten einen erstaunten Blick.

»Zu den sieben Zwergen?« Herr Kuchenbrand musste breit grinsen.

»So ungefähr.« Petronella nippte noch einmal an ihrem Kaffee. »Waren Sie auch schon einmal dort?«

»Nein«, antwortete Herr Kuchenbrand.

»Seien Sie froh. Der Weg dorthin ist nicht ganz ungefährlich.«

Die Kuchenbrands sahen Petronella erstaunt an. Sie überlegten angestrengt, in welchem Land die sieben Berge wohl lägen.

»Schmeckt es Ihnen?«, fragte Lea, um vom Thema abzulenken.

»Ich habe noch nicht probiert«, antwortete die Apfelhexe und schob sich einen Bissen Stachelbeertorte in den Mund. »Ausgezeichnet«, lobte sie dann. »Mit einer Messerspitze Puddingspollen wäre er sogar grandios!« Sie verputzte den Kuchen in Windeseile und stand dann sofort auf. »Vielen Dank für die Einladung, aber jetzt muss ich los. Ich habe noch viel zu tun!«

»Dann wollen wir Sie nicht länger aufhalten«, sagte Herr Kuchenbrand. »Und lieben Gruß an die sieben Zwerge!«

Frau Kuchenbrand stieß ihren Mann an. »Vielen Dank nochmals!«, sagte sie herzlich.

»Nichts zu danken«, erwiderte Petronella und wackelte auf ihren hohen Schuhen davon.

»Hm, ein wenig seltsam ist diese Frau Apfelmus schon«, meinte Herr Kuchenbrand, nachdem Petronella gegangen war. »Seid ihr sicher, dass sie sich gut um die Hühner kümmern wird?«

»Logisch, Papa«, sagte Luis.

»Außerdem ist Frau Apfelmus nicht seltsam«, verteidigte Lea ihre Hexenfreundin.

»Vom Backen versteht sie jedenfalls was.« Herr Kuchenbrand kratzte sich nachdenklich am Kopf. »Aber was hat sie bloß mit einer Messerspitze Puddingspollen gemeint?«

Milchstraßenstreusel

Die Zeit bis zum Urlaub verging wie im Flug.

Dummerweise bestand Leas und Luis' Mutter darauf, dass die Kinder mehr als nur ein T-Shirt und eine Hose einpackten. Also mussten so nützliche Dinge wie das Detektivset oder das Kickboard zu Hause bleiben. Luis musste auch seine geliebten Fußballschuhe wieder auspacken, und Lea durfte nur zwei Bücher und ein Gesellschaftsspiel mitnehmen.

Als die Zwillinge am Abend endlich in den Betten lagen, konnten sie vor lauter Aufregung kaum einschlafen. Sie hatten die Gardinen offen gelassen, damit der Mond hereinscheinen konnte, und unterhielten sich leise.

»Ich habe ein richtig kribbelndes Gefühl im Bauch, so wie an Weihnachten«, flüsterte Lea.

»Ich auch«, flüsterte Luis zurück. »Ich weiß gar nicht, auf was ich mich am meisten freue.«

»Ich freue mich am meisten auf die Fahrt, den Bauernhof, die vielen Tiere und dass Mama und Papa ganz viel Zeit für uns haben«, sagte Lea.

»Hm, ich glaube, ich freue mich am allermeisten auf den Trecker«, überlegte Luis. »Es soll super einfach sein, so ein Ding zu fahren. Was meinst du, ob mich der Bauer mal steuern lässt?«

»Du kannst ihn ja fragen«, meinte Lea.

In diesem Moment steckte ihr Vater den Kopf zur Tür herein. »Jetzt ist aber Schluss mit dem Getuschel. Wir wollen morgen Früh los, und ich will keine müden Gesichter sehen.« Dann lächelte er. »Schlaft gut und träumt was Schönes.«

Lea und Luis beobachteten noch eine Weile den alten Mond, der freundlich zu ihnen ins Zimmer schaute. Und während Lea überlegte, ob es den Mann im Mond dort oben wirklich gab, war Luis längst eingeschlafen und schnarchte leise vor sich hin. Dann fielen auch Lea die Augen zu.

Am nächsten Morgen wurden die Zwillinge schon sehr früh von seltsamen Geräuschen geweckt. Es dauerte eine Weile, bis sie begriffen, dass zwei Apfelmännchen an ihre Fensterscheibe klopften. Sofort waren die Kinder hellwach und sprangen aus ihren Betten.

»Spargelzahn, Rübenbach! Ist etwas passiert?«, fragte Luis, während er das Fenster öffnete.

Die beiden Apfelmänner schüttelten die Köpfe. »Petronella schickt uns. Ihr sollt noch einmal bei ihr vorbeischauen, bevor ihr in den Urlaub fahrt. Ich glaube, sie möchte euch etwas mitgeben.«

»Ein Geschenk?«, wunderte sich Lea und trat neben ihren Bruder ans Fenster.

Spargelzahn schüttelte den Kopf. »Eher eine Tüte.«

Auf dem Flur klappte eine Tür.

»Mama und Papa sind wach«, sagte Luis. »Wir wollen nämlich gleich nach dem Frühstück los.«

»Dann beeilt euch. Petronella wartet in ihrem Apfel auf euch.«

»Wir sind schon unterwegs!« Luis kletterte bereits auf die Fensterbank.

»Aber wir müssen uns doch erst etwas anziehen!«, rief Lea.

»Quatsch. Es ist Sommer. Du wirst schon nicht erfrieren!«, antwortete Luis und stieg aus dem Fenster in den Garten. »Jetzt komm schon, bevor Mama und Papa uns zum Frühstück rufen.«

Lea überlegte nicht länger. Sie kletterte auch aus dem Fenster, und schon flitzten die Zwillinge durch den morgendlichen Garten.

»Iiih, ist das Gras nass!«, quiekte Lea.

»Und die Halme kitzeln zwischen den Zehen«, grinste Luis.

Spargelzahn und Rübenbach begleiteten die Kinder bis zu Petronellas Apfelbaum und verabschiedeten sich dann von ihnen. »Viel Spaß im Urlaub. Und macht euch wegen der Hühner keine Gedanken. Petronella wird gut für sie sorgen, und wir helfen ihr dabei.«

Mit diesen Worten drehten die Apfelmännchen um und sausten zwischen den Bäumen davon.

Lea zog an der Klingelschnur, und hoch oben ertönte leise eine kleine Glocke.

Sofort rauschte die magische Strickleiter zu ihnen herunter. Die Kinder wollten gerade nach oben klettern, als die kleine Hexe auf dem Ast vor ihrer Haustür erschien. »Bleibt unten. Ich komme zu euch!«, rief sie. Wie ein Feuerwehrmann rauschte Petronella die Leiter herunter und stand gleich darauf in voller Apfelhexengröße vor den Kindern. »Wie gut, dass ihr sofort gekommen seid«, sagte sie. »Ich habe hier nämlich etwas, das ich euch unbedingt mit auf die Reise geben möchte.« Sie wedelte mit einer kleinen spitzen Papiertüte vor ihren Nasen herum.

»Was ist denn da drin?«, wunderten sich die Zwillinge.

»Seht doch mal rein. Aber vorsichtig!«

Lea nahm Petronella die Tüte aus der Hand und öffnete sie einen winzigen Spalt. »Was ist das?«, fragte sie erstaunt.

»Lass mal sehen!« Luis griff nach dem Tütchen und schaute ebenfalls hinein. »Ist das Konfetti?«, wunderte er sich.

»Quatsch. Siehst du nicht, wie es glitzert?«, fragte Lea.

Petronella lächelte. »Das sind Milchstraßenstreusel. Die kleinen Strolche sind richtige Pfadfinder. Ich möchte, dass ihr dieses Tütchen mit in den Urlaub nehmt. Falls etwas ist … und ihr meine Hilfe braucht … könnt ihr mich damit rufen.« Die Apfelhexe sah sie strahlend an.

Die Zwillinge verstanden kein Wort.

»Na ja, rufen ist vielleicht nicht ganz richtig«, gab Petronella zu. »Die Milchstraßenstreusel führen euch schnurstracks zum nächsten Hexenhaus. In eurem Fall führen sie euch zum Haus meiner Cousine. Sie wird mich in eurem Auftrag anrufen, wenn ihr sie darum bittet.«

»Du meinst, wenn wir diese Michstraßenkrümel auf den Boden streuen, führen sie uns … zum nächsten Hexenhaus?« Luis war ehrlich verblüfft.

»Sag ich doch«, nickte Petronella. »Das ist zwar nicht ganz ungefährlich, aber da Erikas Haus das einzige Hexenhaus in der Gegend ist, wird die Sache schon gut gehen. Vermutlich braucht ihr meine Hilfe sowieso nicht.«

»Lea! … Luis!«

»Das ist Mama!«, rief Lea. »Wir müssen flitzen. Mach's gut Petronella! Und danke für die Streusel!«

»Ich wünsche euch einen zauberhaften Urlaub!«, rief die Apfelhexe. »Und wenn was ist, wisst ihr ja, was zu tun ist. Im Dunkeln sieht man sie übrigens am besten!« Sie winkte den Kindern nach und kletterte dann wieder nach oben in ihr Apfelhaus.

»Lea! Luis! Wo steckt ihr?«

»Wir sind hier, Mama!«, rief Lea, und die Geschwister sausten zurück zum Müllerhaus.

»Ihr seid in Schlafanzügen unterwegs?«, wunderte sich ihre Mutter.

»Barfuß durch das Gras zu laufen ist ungeheuer gesund«, grinste Luis. »Ich könnte mich direkt daran gewöhnen.«

»Dafür wirst du im Urlaub ausreichend Gelegenheit haben«, versprach seine Mutter.

Gleich nach dem Frühstück war es endlich so weit. Die Zwillinge verabschiedeten sich noch kurz von den Hühnern, und schon ging es los.

»Stellt alles in den Kofferraum!«, wies Herr Kuchenbrand seine Kinder an.

»Hier passt ja gar nichts mehr rein«, grummelte Lea, die versuchte, einen Platz für ihre Reisetasche zu finden.

»Typisch. Der dickste Koffer gehört natürlich Papa«, sagte Luis.

»Irrtum, mein Lieber. Der dickste Koffer gehört eurer Mutter!« Herr Kuchenbrand sah sich suchend um. »Wo steckt sie denn wieder?«

»Du kannst ja mal hupen«, schlug Lea vor.

Und das tat Herr Kuchenbrand. »Maike, wir warten!«

»Ja, und wenn du nicht kommst, fahren wir alleine los!«, rief Luis und kletterte schon mal auf den Rücksitz.

»Ich bin schon da!« Frau Kuchenbrand schloss sorgfältig die Haustür ab und stieg ein. »Das Fenster in der Backstube war offen ...«

»Das Fenster in der Backstube?« Herr Kuchenbrand sah seine Kinder prüfend im Rückspiegel an. »Wer hat das denn schon wieder offen gelassen?«

»Immer der, der fragt, Papa«, kicherte Lea. »Und jetzt fahr endlich los.«

Schafe, Hühner und Kackspechte

Die Landschaft flog nur so an ihnen vorbei. Lea sah die ganze Zeit aus dem Fenster. Es war wunderbar, im Auto zu sitzen und nichts weiter zu tun zu haben, als sich auf den Urlaub zu freuen. Luis sah auch aus dem Fenster. Aber er hatte dabei Stöpsel in den Ohren und hörte eine CD.

Die Fahrt dauerte eine ganze Weile, und sie mussten zweimal anhalten. Das erste Mal, weil Lea zum Klo musste, und das zweite Mal, weil Herr Kuchenbrand Hunger bekam.

»Sind wir nicht bald mal da?«, fragte Luis nach der zweiten Pause.

Seine Mutter lächelte. »Es dauert nicht mehr lange. An der nächsten Kreuzung biegen wir ab.«

Und sie behielt recht. Kurz darauf verließen sie die Landstraße und fuhren durch eine liebliche Heidelandschaft mit sanften Hügeln und weißen sandigen Wegen. Einmal mussten sie sogar eine Pferdekutsche überholen, die von zwei stämmigen Haflingern gezogen wurde.

»Och, sind die süß!«, quietschte Lea und sah den Pferden durch das Rückfenster nach.

»Hoffentlich gibt es hier auch ein paar anständige Trecker«, sagte Luis.

»Sicher.« Sein Vater deutete aus dem Fenster. »Dahinten fährt gerade einer übers Feld.«

»Ich glaube, wir müssen hier abbiegen!«, rief ihre Mutter, und Herr Kuchenbrand bremste, dass es nur so quietschte. Ein Holzschild wies in einen kleinen Feldweg, den man leicht übersehen konnte. *Ferienhof Erdmann* stand darauf.

»Juhuu! Wir sind da!«, jubelten die Zwillinge, als sie die große Einfahrt passierten.

Im Schritttempo rollte das Auto auf den Hof. Eine Schar Hühner nahm gackernd Reißaus, und ein alter Hofhund, der bis eben in der Sonne gedöst hatte, stand auf und kam ihnen neugierig entgegen.

Herr Kuchenbrand parkte den Wagen neben einer Koppel, auf der einige Pferde grasten. Kaum hatte er den Motor ausgeschaltet, sprangen Lea und Luis auch schon heraus. »Sind die nicht süß?«, rief Lea begeistert und rupfte etwas Gras, um die Tiere damit anzulocken.

»Du hättest ihnen einen Apfel mitbringen sollen«, sagte Luis. »Dann wärt ihr sofort beste Freunde.«

Lea seufzte und ließ das Gras fallen. »Stimmt«, sagte sie. »Zu blöd, dass ich daran nicht gedacht habe.«

Die Kinder sahen sich um. »Das Haus sieht genauso schön aus wie auf den Bildern«, fand Lea.

»Wir scheinen wirklich Glück gehabt zu haben«, lächelte ihre Mutter. »Ich wollte schon immer unter Reet schlafen.«

»Unter Reet?«, fragte Luis.

»So nennt man die dicken Halme, mit denen das Dach gedeckt ist«, erklärte seine Mutter.

»Ich finde es sieht aus wie Stroh«, meinte Lea.

In diesem Moment wurde die Tür geöffnet und ein großer Mann kam heraus. Er trug ein kariertes Hemd, eine braune Cordhose und schwarze Gummistiefel.

»Moin!«, grüßte er lachend. »Wenn das nicht die Familie Kuchenbrand ist.« Er reichte einem nach dem anderen die Hand. »Ich bin Bauer Erdmann«, stellte er sich vor. »Hatten Sie eine angenehme Reise?«

»Tadellos«, antwortete Herr Kuchenbrand. »Wir wollten gerade zu Ihnen kommen. Vielleicht können wir mit dem Wagen etwas näher ans Haus fahren, dann ist es mit dem Gepäck einfacher.«

Der Bauer nickte. »Fahren Sie einmal ums Haus herum. Die Ferienwohnungen befinden sich dahinter.«

Lea sah ihre Mutter bedauernd an. Das war also gar nicht ihr Haus.

»Ich hole in der Zwischenzeit den Schlüssel«, sagte Bauer Erdmann. »Rudi kann Ihnen die Wohnung zeigen.«

»Wer ist Rudi?«, fragte Luis.

»Mein Sohn. Er ist ungefähr in eurem Alter. Ich bin sicher, ihr werdet euch gut verstehen.« Und mit diesen Worten verschwand der Bauer im Haus.

Kurz darauf tauchte ein Junge in der Tür auf. Er war blond, hatte lustige blaue Augen und jede Menge Sommersprossen auf der Nase.

»Hallo, ich bin Rudi Erdmann. Wenn Sie wollen, zeige ich Ihnen jetzt Ihre Ferienwohnung.«

Lea und Luis sahen sich an. Rudi war tatsächlich in ihrem Alter und klang genauso förmlich wie sie selbst, wenn sie in der Zaubermühle die Gäste bedienten.

Der Junge führte sie einmal quer über den Hof. Vorbei an einem Stall und einer Scheune, in der ein großer Mähdrescher stand. Luis bekam sofort große Augen. »Wow, ist der riesig. Ob dein Vater ihn wohl mal fährt, während wir da sind?«

Rudi lachte. »Unwahrscheinlich. Das Korn ist noch lange nicht reif.«

»Ich dachte eigentlich, die Ferienwohnungen sind bei euch im Haus …«, sage Lea. Sie fand es schade, dass ihre Mutter nun doch nicht unter Reet schlafen konnte.

Rudi schüttelte den Kopf. »Nee, die sind im ehemaligen Schafstall.«

»Die sind wo?« Jetzt spitzte auch Luis die Ohren.

»Im Schafstall?«, fragte Lea empört. »Wir sind doch keine Schafe!«

»Wartet doch erst mal ab«, beruhigte sie ihre Mutter. Und tatsächlich. Als sie in den Garten hinter dem Haus kamen, blieb Lea wie angewurzelt stehen. Der ehemalige Schafstall war wunderschön. Er war zwar viel niedriger als ein normales Haus, aber auch sein Dach

war mit Reet gedeckt, und an den alten Backsteinen rankten sich Rosen hoch. Sie lächelte zufrieden. »Siehst du Mama, da hast du dein Reet.«

»Haben wir den ganzen Stall für uns?«, wollte Luis wissen.

»Nein, es gibt drei Wohnungen, aber jede hat eine eigene Terrasse. Auf der könnt ihr morgens frühstücken. Wenn ihr wollt, bringen wir euch jeden Tag Milch und frische Brötchen.«

»Das klingt sehr verlockend«, lächelte Frau Kuchenbrand.

»Sind alle Ferienwohnungen vermietet?«, fragte Lea.

»Ja«, sagte Rudi. »Neben euch wohnen die Ribbecks. Ein älteres Ehepaar. Sie kommen jedes Jahr. Die Familie hinten ist nur auf der Durchreise. Sie hatten eine Autopanne, als sie aus dem Urlaub zurückkamen. Jetzt warten sie darauf, dass das Ersatzteil endlich kommt, damit sie nach Hause fahren können.«

»Bääääääh!«, rief plötzlich jemand hinter ihnen. Und im nächsten Moment rannten zwei erschrockene Gänse flügelschlagend an ihnen vorbei. Ein Junge und ein Mädchen hielten sich die Bäuche vor Lachen. »Sind die Gänse dämlich!«, riefen sie und verschwanden blitzschnell hinter dem Haus.

»Waren das die, die nur auf der Durchreise sind?«, fragte Luis.

Rudi nickte. »Kümmert euch am besten nicht um sie.« Er schloss die Tür zur Ferienwohnung auf und überreichte Frau Kuchenbrand den Schlüssel. »Fühlen Sie sich wie zu Hause. Und wenn was ist, kommen Sie einfach rüber ins Haus.« Mit diesen Worten verabschiedete er sich.

»Da kommt Papa!«, rief Lea.

Herr Kuchenbrand parkte den Wagen direkt neben der Eingangstür. »Das sieht aber nett aus. Wart ihr schon drin?«

»Nein, wir haben extra auf dich gewartet«, grinste Lea. »Wusstest du, dass das Haus früher ein Schafstall war?«, fragte Luis.

»Nein«, sagte sein Vater. »Aber jetzt bin ich neugierig. Lasst uns reingehen.«

Die Kuchenbrands wurden nicht enttäuscht. In der Wohnung gab es alles, was man zum Leben brauchte. Eine Küche, ein kleines Bad, ein Wohnzimmer und gemütliche Sessel. Besonders gut gefielen Lea die winzigen Fenster mit den bunten Vorhängen und die steile Holztreppe, die in ein niedriges Dachgeschoss führte. »Hier sieht es aus wie bei den sieben Zwergen«, fand sie.

»Zum Glück sind die Betten länger«, brummte Herr Kuchenbrand.

»Gibt es hier oben nur zwei Zimmer?«, wunderte sich Luis.

»Eins für uns und eins für euch«, sagte Herr Kuchenbrand. »Absolut ausreichend.«

Frau Kuchenbrand strahlte über das ganze Gesicht. »Wir haben es wirklich gut getroffen«, freute sie sich.

»Mäh, mäh!«, blökte es draußen. Sofort waren die Zwillinge auf der Terrasse. Da stand ein wolliges Schaf mit einem dunklen Kopf und fraß die Kapuzinerkresse aus dem Pflanzkübel.

»Wer bist du denn?«, fragte Lea freundlich.

»Ich glaube nicht, dass es sprechen kann«, sagte Luis. »Aber dahinten sind noch mehr.« Und wirklich. Gleich hinter der Terrasse ging es auf eine Weide, deren Gatter ein Stück offen stand.

»Am besten, ihr bringt das Schaf zu seiner Herde zurück«, schlug Herr Kuchenbrand vor und ließ sich gemütlich in einen Liegestuhl fallen.

Lea und Luis taten ihr Bestes. Zuerst redeten sie dem Schaf gut zu. Aber als das nichts nützte, packten sie es links und rechts in der Wolle, um es auf die Weide zu ziehen. Leider hatte das Schaf keine Lust mitzugehen. Stattdessen schüttelte es sich so kräftig, dass zuerst Lea und dann Luis über den Boden rollten.

»Hähähä!«, tönte es da hinter der Hecke, die die Terrassen voneinander trennte. »Seid ihr vielleicht blöd! Habt ihr noch nie ein Schaf gesehen? Ihr braucht einen Hund, der es wieder zurücktreibt. So schafft ihr das nie!«

Die Nachbarskinder tauchten hinter der Hecke auf.

»Ich glaube, ihr seid blöd!«, empörte sich Lea. »Wie ihr seht, haben wir keinen Hund dabei. Außerdem finde ich es süß, ein Schaf zu Besuch zu haben!«

»Sehr süß! Vor allem wenn es auf die Terrasse kackt!«, spotteten die Geschwister und grinsten sich an.

»Ihr seid selber zwei Kackspechte«, knurrte Luis.

»Kann man hier vielleicht einen Moment Ruhe haben?«, fragte Herr Kuchenbrand.

»Ja, verschwindet!«, schimpfte Lea. »Ich will auch meine Ruhe haben.«

Die fremden Kinder trollten sich. Aber vorher streckten sie den Zwillingen noch die Zunge raus.

»Sind die bescheuert!«, schimpfte Luis. »Hoffentlich ist ihr Auto morgen fertig.«

»Etwas länger wird es schon dauern«, sagte Rudi, der gerade um die Ecke kam. »Das Ersatzteil muss erst bestellt werden.«

»Mist!«, schimpfte Luis. »Aber vielleicht kannst du uns helfen, das Schaf zurück auf die Weide zu bringen.«

»Das ist kein Schaf«, lachte Rudi. »Das ist eine Heidschnucke. Sie heißt Mona und ist der Boss der Herde. Ein Wunder, dass die anderen noch nicht da sind.« Rudi griff in seine Hosentasche und zog eine Möhre heraus. Sofort reckte Mona den Hals und fing an zu schnuppern. Jetzt war alles ganz einfach. Rudi hielt ihr die Möhre dicht vor die Nase und lockte sie so zurück auf die Weide.

»Da hätten wir auch alleine drauf kommen können«, lachte Lea. »Wir haben zu Hause fünf Hühner, und die lassen sich mit einem Stück Banane auch überallhin locken.«

Rudi grinste. »Habt ihr Lust, euch die Hoftiere anzusehen?«

»Na klar!«, riefen die Zwillinge. »Bis später, Paps!«

»Bis später.« Herr Kuchenbrand blinzelte kurz und schloss wieder zufrieden die Augen.

Ausflug mit Abenteuer

Zu Hause war Petronella gerade dabei, die Hühner zu füttern. »Put, put, put«, machte sie leise, als sie zu ihnen in den Auslauf kam. Was so viel hieß wie: Ich bin hier!

»Pork, put!«, antworteten die Hühner und kamen sofort angelaufen. Sie hatten sich bereits gewundert, weshalb die Kinder sich von ihnen so gründlich verabschiedet hatten. Dass die Familie in den Urlaub fuhr, hatten sie nicht verstanden. Denn Hühner fuhren niemals weg.

Also erklärte ihnen Petronella die Sache noch einmal ganz genau.

»Pork? Wann kommen sie denn wieder?«, fragte Nofretete.

»Gack, gluck! In ein paar Tagen«, antwortete Petronella. »So lange kümmere ich mich um euch. Habt ihr vielleicht Lust auf einen Ausflug?«

»Einen Ausflug … einen Ausflug … pork, gluck!«, gackerten die Hühner aufgeregt durcheinander. Sie liebten ihren Stall und ihren Auslauf. Die restliche Welt fanden sie dagegen ein wenig beängstigend. Lea und Luis hatten schon ein paarmal die Tür zum Garten offen gelassen. Den Hühnern blieb jedes Mal das Herz stehen, wenn sich Nofretete oder Anakonda hinauswagten. Jetzt steckten alle fünf die Köpfe zusammen. »Put, pork, put, put!«, redeten Nofretete und Anakonda auf die anderen ein. Dann sahen sie Petronella enttäuscht an. »Sie haben Angst«, stellte Nofretete fest. »Die Mädels sind nicht besonders mutig.«

»Gack!« Schneeweißchen plusterte sich empört auf. »Du tust gerade so, als hättest du keine Angst! Pork! Dabei warnst du uns doch jeden Abend vor dem Fuchs und dem Marder.«

Petronella lächelte. »Und wenn ich euch nun verspreche, gut auf euch aufzupassen? Ich bin schließlich eine Apfelhexe. Mit einem Fuchs oder einem Marder werde ich leicht fertig!«

»Ja, schon, aber ein Fuchs hat scharfe Zähne«, gluckerte Rosenrot und blinzelte nervös.

»Er schleicht sich so leise an, dass niemand ihn kommen hört. Und ehe du einmal Gack gemacht hast, hat er dich schon verspeist«, gurrte Tarantula. Sie war längst nicht so mutig, wie man es von einem Huhn mit diesem Namen erwartet hätte.

»Ach was, ihr werdet sehen, der Garten ist wunderbar!«, rief Petronella. »Ich werde euch keine Sekunde aus den Augen lassen. Versprochen!«

»Also was ist, Mädels? Put pork?«, fragte Nofretete.

»Ich hätte schon Lust, einen Ausflug zu machen«, gab Schneeweißchen zu.

»Ich bin auch dabei«, krähte Anakonda vergnügt. »Wenn Petronella dabei ist, kann uns sowieso nichts passieren!«

So kam es, dass die Hühner einen Ausflug um den Mühlteich machten. Und Petronella war, wie versprochen, immer an ihrer Seite.

»Huch, ein Frosch! Hat der mich aber erschreckt!«, gackerte Rosenrot und schüttelte ihr Gefieder.

»Wenn er eine Kaulquappe wäre, hätte ich ihn zum Nachtisch gefressen!«, gluckste Nofretete.

Mit wachsamen Hexenaugen beobachtete Petronella die Umgebung. An dem, was Rosenrot gesagt hatte, war schon was dran. Hühner standen bei den meisten Raubtieren ganz oben auf der Speisekarte. Und während die gackernde Schar durch das Gras stolzierte, sich um saftigen Löwenzahn stritt oder nach einem fetten Regenwurm Ausschau hielt, setzte sich Petronella auf einen der Bistrostühle, den Lea unter den Holunderbusch gestellt hatte, und ließ aufmerksam den Blick schweifen. Rund um den Mühlteich war alles in Ordnung; es war nichts zu sehen, was den Hühnern gefährlich werden konnte. Dann wanderte ihr Blick nach oben. Kleine Schäfchenwolken zogen über den blauen Himmel … Doch was war das? Petronella durchfuhr ein eisiger Schreck. Ein Habicht kreiste über dem Garten des Müllerhauses. Petronella beobachtete, wie seine Kreise enger und enger wurden, bis er sich schließlich direkt über dem Mühlteich befand. Er hatte die Hühner entdeckt!

Der Apfelhexe brach der Schweiß aus. Sie musste die

Hühner so schnell wie möglich in Sicherheit bringen. Genau in diesem Moment hatte Anakonda den Wasserlinsenteppich auf dem Mühlteich entdeckt. »Pork tack, pork tack! Eine Wiese auf dem Teich!«, gackerte das Huhn begeistert und sauste auch schon los. Eins … zwei … drei Schritte flatterte es über die Entengrütze und fiel dann mit einem lauten »platsch!« ins Wasser.

Entsetzt schrien die anderen Hühner auf. Anakonda planschte mit den Flügeln, doch das Wasser schlug immer wieder über ihrem Kopf zusammen.

Sofort war Petronella zur Stelle. Sie tastete nach dem Zauberstab in ihrem Ärmel, aber oh weh … er war nicht da. Sie musste ihn auf dem Küchentisch vergessen haben.

In diesem Moment stürzte sich der Habicht auf die Hühner. Wie ein Pfeil schoss er vom Himmel auf sie zu. Petronella wusste nicht, wohin sie zuerst gucken sollte. Hektisch wirbelte sie herum, streckte Arm und Zeigefinger aus und rief: »Tonebat!«

Ein Kugelblitz schoss aus ihrer Fingerspitze und explodierte vor dem Schnabel des Habichts. Der drehte erschrocken ab und suchte schockiert das Weite. Schon warf die Apfelhexe ihren Hut ins Gras und wollte gerade kopfüber in den Mühlteich springen, um Anakonda zu retten, da riefen die Hühner auch schon: »Oooh!« und »Aaaah!«

Petronella traute ihren Augen nicht. Anakonda stand mitten im Mühlteich und glitt majestätisch über das Wasser auf sie zu.

»Porkoi!«, krähte das Huhn, und für menschliche Ohren klang es beinah wie »Ahoi!«.

Auf Petronellas Gesicht machte sich ein Lächeln breit. »Bommel!«, rief sie. »Dem Himmel sei Dank!«

Und wirklich. Der alte Karpfen, der schon seit Ewigkeiten im Mühlteich lebte, hatte Anakonda gerettet.

»Du bist ein Schatz!«, rief Petronella ihm zu. »Ich weiß nicht, was ohne deine Hilfe passiert wäre.«

»Ach was«, wehrte Bommel verlegen ab. »Das war doch nichts Besonderes.«

Während Petronella damit beschäftigt war, den Habicht zu vertreiben, hatte der Karpfen das plant-

schende Huhn auf seinen Rücken genommen und es unversehrt ans Ufer zurückgebracht.

Sofort drängten sich die anderen Hühner um ihre Freundin. »Wie konntest du nur so dumm sein?«, fragte Nofretete streng. »Jedes Küken weiß, dass man auf Entengrütze nicht stehen kann.«

Petronella atmete noch einmal tief durch und pustete dann auf ihren Zeigefinger. So ein Hexenschuss aus der Fingerspitze tat höllisch weh und brannte wie Feuer. Er war wirklich nur für Notfälle gedacht.

Jetzt kamen auch die Apfelmännchen heran. »Was war das für ein Knall?«, wollte Spargelzahn wissen.

»Es klang verflixt nach einem Hexenschuss«, sagte Gurkenhut.

Petronella seufzte. »Du hast recht. Es war ein Hexenschuss. Mein Zeigefinger brennt wie Feuer.« Sie tunkte ihren Finger in den Teich, um ihn abzukühlen. »Ich habe meinen Zauberstab vergessen, und irgendwie musste ich den Habicht ja vertreiben.«

»Den Habicht … den Habicht …? Hat hier jemand Habicht gesagt? Gack, gack!« Jetzt waren die Hühner völlig aus dem Häuschen. »Wo … wo …« Vor lauter Angst um Anakonda hatten sie gar nicht bemerkt, in welcher Gefahr sie geschwebt hatten.

»Keine Sorge. Der Habicht ist weg und wird so bald nicht wiederkommen«, beruhigte Petronella die aufgeregte Schar. Doch so einfach war es nicht, die Hühner zu beruhigen. Besonders Rosenrot wurde die ganze Aufregung zu viel. »Pick. Ich will zurück in meinen Stall!«, verlangte sie und plusterte sich groß auf. Und auch die anderen Hühner hatten genug. Nach so viel Aufregung sehnten sie sich nach Ruhe und Frieden. Im Gänsemarsch kehrten sie in ihren Auslauf zurück. Nur Anakonda zupfte Petronella am Rock. »Was für ein Abenteuer!«, gluckste sie, und ihre hellen Hühneraugen blitzten.

Lauter Brummmünder

Die Kuchenbrands hatten wirklich Glück. Ihr Ferienhof lag eingebettet in eine liebliche Heidelandschaft, und die Sonne strahlte, als hätte sie nichts Besseres zu tun.

Familie Erdmann besaß sechs große Pferde, die als Zweiergespann die drei Kutschen zogen, in denen Touristen eine Ausfahrt in die Heide machen konnten. Außerdem gab es den Hofhund Dexter, die Katze Mausi, neun Kaninchen, eine kleine Herde Ziegen sowie eine Schar Gänse und jede Menge Hühner, die frei zwischen den Pferden auf der Wiese umherliefen.

»Habt ihr Lust, mir zu helfen, die Hühner und Gänse zu füttern?«, fragte Rudi am nächsten Tag.

»Na klar.« Lea strahlte über das ganze Gesicht.

»Darin sind wir Weltmeister«, meinte Luis. »Wir müssen unsere Hühner auch jeden Tag füttern.«

»Dann brauche ich euch ja nicht mehr viel zu erklären«, lachte Rudi. »Das Futter steht im Stall.«

Gemeinsam trugen sie die schweren Futtereimer auf die Wiese und schütteten alles in einen langen Trog.

»Eigentlich reicht den Gänsen das Gras«, erklärte Rudi. »Aber mein Vater möchte, dass wir zufüttern. Damit sie schön dick werden.«

Sowie das Futter in den Trog prasselte, war das Federvieh zur Stelle. Schnatternd und fauchend zankten sie sich um die besten Plätze, und Lea und Luis sahen ihnen lachend zu.

»Geht lieber ein paar Schritte zurück«, riet Rudi. »Gänse können ganz schön kneifen.«

»Schade, ich hätte sie so gerne einmal gestreichelt«, meinte Lea.

»Haben eure Gänse auch Namen?«, erkundigte sich Luis.

»Nee, eigentlich nicht. Aber die beiden großen dahinten nenne ich Frida und Fritz. Sie büxen immer wieder aus. Einmal mussten wir sie vom Dach unseres Nachbarn holen. Keine Ahnung, wie sie da raufgekommen sind.«

»Lea! Luis!« Herr und Frau Kuchenbrand standen am Zaun und winkten ihre Kinder zu sich heran. »Wir wollen ins Dorf, einkaufen. Habt ihr Lust mitzukommen?«

»Das nächste Mal!«, rief Lea. »Jetzt müssen wir uns um die Tiere kümmern.«

»Okay, dann bis später!«

Da hörte Lea plötzlich ein rupfendes Geräusch hinter

sich. Sie drehte sich um und sah ein großes dunkelbraunes Pferd, das sich von hinten angeschlichen hatte und nun gemütlich auf einem Grasbüschel kaute.

»Wow, ist das aber groß!« Luis ging lieber drei Schritte zurück.

Lea schwebte im siebten Himmel. Sie hatte überhaupt keine Angst vor großen Tieren. »Hey, wer bist du denn?«, fragte sie mit ihrer freundlichsten Stimme und strich dem Pferd über das warme Fell.

»Das ist Sterntaler«, antwortete Rudi.

»Wegen der kleinen Blässe auf seiner Stirn, oder?«

Rudi nickte.

»Kann man auf ihm reiten?«

»Können tut man schon. Aber mein Vater will es nicht. Er sagt, dass es Kutsch- und keine Reitpferde sind.«

»Schade«, seufzte Lea. »Aber vielleicht können wir mal mit der Kutsche fahren.«

»Na klar. Mein Vater hat drei Kutschen und bietet Touren durch die Heide an. Wenn ihr eure Eltern fragt, dürft ihr bestimmt mitfahren.«

»Oh ja, das machen wir. Oder, Luis?«

Ihr Bruder nickte. Er war allerdings nicht halb so begeistert wie seine Schwester. »Bietet dein Vater auch Trecker-Touren an?«, fragte er deshalb.

»Trecker-Touren?«, rief Rudi erstaunt. »Nö, aber bestimmt nimmt er uns mit, wenn er mal wieder raus aufs Feld fährt.«

»Echt? Das wäre ja super!« Luis strahlte. Er hatte gerade wieder richtig gute Laune bekommen.

Nachdem sie die Gänse und Hühner gefüttert hatten, kümmerten sich die Kinder um die Kaninchen. Die Zeit verging dabei wie im Flug, und ehe sie sichs versahen, kam auch schon das erste Pferdegespann zurück auf den Hof. Mit großen Augen sahen die Zwillinge zu, wie Kuno und Gustav ausgespannt wurden. Die zwei waren riesige Kaltblüter und einfach megasüß!

Patsch! Direkt neben ihnen zerplatzte eine Wasserbombe.

»Iiiiih!« Lea schrie auf und machte einen Hüpfer zur Seite.

Zack, da kam auch schon die zweite geflogen. Sie traf Luis direkt am Bein. Ein großer nasser Fleck breitete sich auf seiner Hose aus.

»Äääh!« Luis wirbelte herum.

»Hahahaha!« Die Kinder von nebenan bogen sich vor Lachen. Sie hatten sich hinter der Kutsche versteckt und amüsierten sich prächtig.

Patsch! Schon zerplatzte die nächste Wasserbombe neben den Zwillingen.

»Jetzt könnt ihr was erleben!«, schrie Luis. »Komm mit, Lea!«

Die Zwillinge wollten sich die Geschwister gerade vorknöpfen, als Rudi sie zurückhielt. »Hier ist ein Wasserschlauch«, flüsterte er und sah sich um, ob sein Vater ihn auch nicht beobachtete. »Ich habe den Hahn voll aufgedreht. Nassspritzen müsst ihr sie alleine. Ich darf bei Urlaubsgästen leider nicht mitmachen.«

Sofort schnappte sich Luis den Wasserschlauch und drehte die Düse voll auf. Eine Wasserfontäne schoss über die Kutsche und ergoss sich auf die Geschwister, die sich dahinter versteckten.

»Iiiih! Spinnt ihr?« Das Mädchen sprang sofort aus ihrem Versteck. Ihre Haare hingen wie Spaghetti herunter, und von ihrem Kleid tropfte das Wasser. »Seid ihr irre?!«, brüllte ihr Bruder und wischte sich das Wasser aus den Augen. »Das gibt Rache!«

Luis grinste böse und drehte den Schlauch noch einmal voll auf.

»Was ist denn hier los?«, dröhnte da Bauer Erdmann.

»Die Zwillinge haben uns total nassgespritzt«, petzten die Urlauberkinder.

»Das sehe ich«, knurrte der Bauer. »Und was habt ihr angestellt?«

»Nichts«, antworteten die beiden mit Unschuldsmiene.

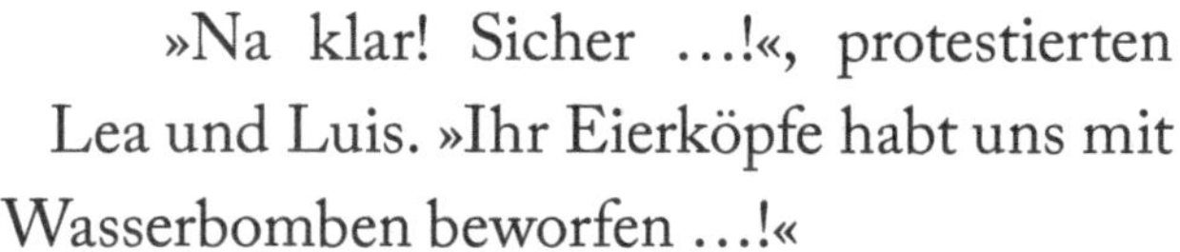

»Na klar! Sicher …!«, protestierten Lea und Luis. »Ihr Eierköpfe habt uns mit Wasserbomben beworfen …!«

»Vertragt euch! Verstanden?«, schimpfte Bauer Erdmann und stapfte über den Hof davon.

»Ihr könnt mir helfen, die Ziegen zu melken«, schlug Frau Erdmann den Kindern vor. Sie kam gerade mit zwei Eimern aus dem Stall.

»Ziegen stinken!«, sagte das Mädchen bockig. »Außerdem müssen wir uns umziehen.« Und mit hocherhobenen Nasenspitzen gingen die Geschwister davon.

Nachdem die beiden fort waren, kam Rudi lachend aus seinem Versteck.

»Ich wusste gleich, dass die beiden total blöd sind«, meinte Luis. »Wie heißen die eigentlich?«

»Rita und Knut«, sagte Rudi. »Rita und Knut Brummmund.«

»Brummmund?«, quietschte Lea vergnügt und presste die Lippen aufeinander. »Brummmmmmmmm …«

»Ich bin auch froh, wenn sie endlich nach Hause fahren«, gestand Rudi. »Sie ärgern ständig die Tiere, weil ihnen langweilig ist. Gestern haben sie unsere Katze in den Kaninchenstall gesperrt und die Pferde mit einer ollen Hupe erschreckt.«

»Was für Blödköpfe«, knurrte Lea.

Am Abend saß Familie Kuchenbrand gemütlich beieinander auf der Terrasse. Es war schon fast dunkel. In der Ferne blökte ein Schaf, und der Feuerkorb schickte kleine Funkenbündel in den sternenklaren Himmel. Das ältere Ehepaar nebenan war sehr nett und ging glücklicherweise früh schlafen. Deshalb hatten die Kuchenbrands den Garten beinah für sich.

Luis hatte die Rückenlehne seines Liegestuhles ganz nach hinten gestellt und blickte verträumt in den Mond. »Wenn die blöden Brummmünder nicht wären, wäre der Urlaub perfekt«, seufzte er.

»Ihr braucht euch ja nicht mit ihnen abzugeben. Beachtet sie einfach nicht«, sagte ihre Mutter.

»Versuch du doch mal, jemanden nicht zu beachten, wenn er dich mit Wasserbomben bewirft«, meinte Lea. »Außerdem sind sie richtige Doofmänner. Rudi sagt, sie hätten gestern die Katze in den Kaninchenstall gesperrt. Die Arme musste stundenlang drinsitzen, bis sie jemand befreit hat.«

Herr Kuchenbrand grinste breit. »Das erinnert mich an unsere Klassenreise auf den Ponyhof ...«

»Du warst auf einem Ponyhof?«, wunderte sich Lea.

»Nicht freiwillig«, erklärte ihr Vater. »Die Mädchen haben uns überstimmt, als es darum ging, das Ziel der

Klassenfahrt festzulegen. Auf diesem Ponyhof gab es einen Reitlehrer, der war ein richtiger Angeber. Er hat jeden ausgelacht, der nicht sattelfest war. Und wer vom Pferd fiel, musste zur Strafe die Stallgasse fegen …«

»Dann hast du wohl nicht besonders viel Spaß gehabt«, meinte Luis grinsend.

»Armer Papa!« Lea grinste ebenfalls.

»Hat hier irgendjemand gesagt, dass ich die Stallgasse fegen musste?«, empörte sich ihr Vater. »Eines Tages wurde es uns jedenfalls zu bunt …«

»Und was habt ihr gemacht?«, fragten die Zwillinge gespannt.

»Wir haben dem Reitlehrer Pferdeäpfel in seine Stiefel gekippt.« Herr Kuchenbrand grinste breit in die Runde. »Ihr hättet ihn sehen sollen, als er am nächsten Morgen in seine Stiefel gestiegen ist. Er hat geflucht wie der allerschlimmste Seeräuber … Es war wunderbar!«

»Das habt ihr gemacht?« Frau Kuchenbrand tat empört. »Ich wusste gar nicht, mit was für einem schrecklichen Mann ich verheiratet bin.«

Lea und Luis tauschten einen kurzen Blick. Ihnen war gerade eine Idee gekommen. Sie mussten bloß auf die passende Gelegenheit warten.

Unerwarteter Besuch

Auch in Petronellas Apfelgarten war es inzwischen dunkel geworden. Die kleine Hexe wollte gerade ins Bett gehen, als sie plötzlich zornige Stimmen hörte. Alarmiert griff sie nach ihrem goldenen Piratenfernrohr und sah hinunter in den dunklen Garten. Ihre Hexenaugen konnten zum Glück auch bei Dunkelheit ganz wunderbar sehen. Potz Blitz! Was war denn das? War in ihrem Garten etwa ein Feuer ausgebrochen?

»Lucius, Lucius!«, rief sie erschrocken. »Feuer! Im Garten brennt es!«

Sofort krabbelte der Käfer aus seinem Weidenkörbchen, in das er sich zum Schlafen verkrochen hatte. »Was sagst du da?!«, summte er aufgeregt.

»Feuer! Da ist Feuer …!«, rief Petronella. Sie schnappte sich ihren Hexenhut und sauste auch schon los. Mit einem Satz stand sie auf dem dicken Ast vor ihrer Haustür. Lucius war ihr dicht auf den Fersen. »Steig auf! Ich fliege dich hin!«, rief der Hirschkäfer. »Von oben hast du einen guten Blick!«

Das ließ sich Petronella nicht zweimal sagen. Sie kletterte auf Lucius' Rücken, und schon schwirrten sie los. Ganz hinten im Garten, dort, wo der Sturm die beiden Bäume gefällt hatte, brannte ein Feuer. Erst beim Näherkommen erkannte Petronella, dass das kein wildes, allesverschlingendes Feuer war, sondern ein Lagerfeuer. Und drum herum standen die fünf Apfelmännchen. Sie waren mit Haken und Stöcken bewaffnet und redeten zornig auf jemanden ein. Petronella konnte nur die Worte Frechheit, Nichtsnutz und Zipfelmütze verstehen. Aber sie ahnte auch so, was da unten los war.

»Besser, ich mische mich in den Streit ein, bevor noch jemand zu Schaden kommt«, sagte sie. »Würdest du mich bitte absetzen?«

Lucius flog eine Kurve und landete neben der Stachelbeere im Gras. Petronella stieg ab und schüttelte die silbernen Apfelkerne in ihrer Rocktasche. Sofort wuchs sie auf normale Apfelhexengröße heran.

»Was ist denn hier los?«, stellte sie die Streithähne mit strenger Apfelhexenstimme zur Rede.

Die Apfelmännchen wirbelten herum. »Petronella?!«, riefen sie erstaunt. Nur Gurkenhut verschränkte die Arme und sah die kleine Hexe grimmig an.

»Du weißt ganz genau, was hier los ist«, sagte er.

»Sag bloß, du kennst diesen Bartträger mit Zipfelmütze?«, staunte Spargelzahn.

»Natürlich kennt Petronella ihn. Sie hat ihn sogar bestellt!«, knurrte Gurkenhut.

»Ist das wahr?« Jetzt sahen auch alle anderen Apfelmännchen die kleine Hexe böse an.

Petronella holte tief Luft. »Ich kenne ihn zwar nicht, aber ich habe einen Gartenzwerg bestellt, jawohl.« Jetzt war es heraus.

»Ja bist du denn noch zu retten?«, empörte sich Spargelzahn. »Du holst einen Zwerg in deinen Garten, obwohl sich fünf Apfelmänner darum kümmern?«

»Ich verstehe, dass ihr aufgeregt seid«, erwiderte Petronella. »Vielleicht hätte ich es euch früher sagen sollen ...«

»Allerdings!«, schnaubte Rübenbach.

»Aber ich will euch doch nur helfen ...«

»Du willst uns helfen ...? Na, dann vielen Dank!«, knurrte Gurkenhut. »Wir haben den ganzen Tag damit zugebracht, Äste vom Baum zu schneiden. Rübenbach hat sie zu Brettern verarbeitet, und Karottenwams und Bohnenhals haben sie aufgestapelt. Wir wollten daraus Nistkästen bauen!«

»So ist es ...!« Spargelzahn blitzte wütend in die Runde. »Und dann kommt der hier und macht mit unseren Brettern ein Lagerfeuer!« Der Apfelmann deute-

te auf einen stämmigen Gartenzwerg mit einer Zopfspange im Bart.

»Ist das wahr?« Petronella sah den Zwerg ungläubig an.

»Natürlich. Woher sollte ich wissen, dass diese Zahnstocher Baumaterial für Nistkästen sind?«

»Zahnstocher?!«, brausten die Apfelmännchen auf. »Pass bloß auf, du …«

Petronella hob die Hand, und die Apfelmännchen verstummten. »Wer bist du?«, fragte sie den Zwerg streng.

»Ich bin der, den Ihr bestellt habt, Madame!« Der Gartenzwerg machte eine leichte Verbeugung.

»Pah!« Die Apfelmännchen steckten tuschelnd die Köpfe zusammen.

»Kommst du von der Agentur *Bergwerk & Blume*?«, wollte die Apfelhexe wissen.

»So ist es. Ich bin Gambur, der Starke.«

Petronella warf einen nervösen Blick auf die Apfelmännchen, die nun allesamt die Arme vor der Brust verschränkt hatten und sie böse anschauten.

»Ich will euch doch nur die Arbeit erleichtern!«, rief die kleine Hexe verzweifelt. Dann wandte sie sich wieder an den Zwerg. »Herzlich willkommen in meinem Garten, Gambur! Ich gestehe, ich habe heute Abend nicht mehr mit dir gerechnet. Aber jetzt, wo du da bist, brauchst du natürlich auch ein Dach über dem Kopf. Ich könnte dir meinen Wohnwagen zur Verfügung stellen, nachdem ich ihn ein bisschen verwandelt habe. Meine Schwestern haben auch schon darin übernachtet und waren sehr zufrieden.«

Die Apfelmännchen rollten mit den Augen.

»Machen Sie sich keine Umstände, Madame. Wir Zwerge wohnen …«

»Ich mache mir keine Umstände«, versicherte Petronella. »Ich bin schließlich eine Hexe. Und nenn mich nicht Madame. Ich heiße Petronella Apfelmus!«

»Schon klar, Madame. Wenn es Sie nicht stört, bleibe ich dennoch dabei. Ich bin nämlich nicht besonders gut im Merken von Namen.« Der Gartenzwerg grinste.

»Na schön«, sagte Petronella. »Aber verlange nicht, dass ich dich sieze. Das gehört sich in Hexenkreisen nämlich nicht.«

Gambur tippte sich an die Zipfelmütze. »Kein Problem, Madame!«

Petronella räusperte sich und griff nach ihrem Zauberstab.

»Schwefelsuppe, Hexenbesen
eene, meene, sei's gewesen,
Sternenglanz und Gaukelei,
Krötendreck und Eulenschrei,
hokuspokus, Bergwerkschütte,
aus Wohnwagen wird Zwergenhütte!«

Es gab einen Blitz, und aus Petronellas Wohnwagen wurde ein niedliches Zwergenhäuschen, mit Blumenkästen vor den Fenstern, rot-weiß-karierten Gardinen und einem rauchenden Schornstein.

»Wir müssen mit dir reden, Petronella!«, knurrte Gurkenhut, als die Apfelhexe mit dem Zauber fertig war. »Ich erwarte dich in meinem Haus!« Grußlos marschierten die Apfelmännchen davon.

»Na, die sind ja mächtig beleidigt«, lachte der Zwerg.

»Äm, ja …« Petronella war hin- und hergerissen. »Das Haus steht gleich hinter der Brombeerhecke. Du findest den Weg sicher allein. Frühstück gibt es morgens um sieben. Ich stelle dir das Tablett auf die Veranda.« Mit diesen Worten verabschiedete sich Petronella von Gambur, dem Starken, und machte sich sofort auf den Weg zu Gurkenhut. Sie wollte den Apfelmännchen ihre gute Absicht unbedingt erklären.

Lucius landete auf ihrer Schulter. »Da siehst du, was du mit deiner Geheimniskrämerei angerichtet hast!«, schimpfte er. »Ich kann Gurkenhut und seine Männer sehr gut verstehen. Du hättest sie fragen sollen, ob sie Hilfe brauchen …«

»Gurkenhut hätte niemals Ja gesagt. Er will immer alles selbst machen, auch wenn es dreimal länger dauert und er anschließend mit Gliederschmerzen im Bett liegt.« Petronella schüttelte die Apfelkerne in ihrer Rocktasche. »Achtung, ich schrumpfe!«

Lucius startete von ihrer Schulter und landete neben seiner Freundin im Gras. »Worauf wartest du?«, fragte er, als Petronella unschlüssig vor Gurkenhuts Tür stand.

Die Apfelhexe holte tief Luft und klopfte an. Im selben Moment wurde die Tür auch schon geöffnet.

Dummerweise klopfte sie deshalb nicht gegen die Tür, sondern gegen Gurkenhuts Kopf. Griesgrämig sah der Apfelmann sie an.

»Oh … Gurkenhütchen … Es tut mir leid!«, rief die kleine Hexe erschrocken.

»Komm rein«, brummte Gurkenhut. Er ging voran ins Wohnzimmer, wo sich bereits alle Apfelmännchen versammelt hatten. Da die besten Plätze bereits besetzt waren, musste Petronella mit einem dreibeinigen Schemel vorliebnehmen. Zerknirscht blickte sie in die Runde. Die Apfelmännchen blickten schweigend zurück.

Petronella seufzte und stand auf. »Jetzt fangt schon an«, sagte sie. »Ich weiß, dass ihr sauer auf mich seid.«

»Sauer …? Sagte sie sauer …?«, ereiferten sich die Apfelmännchen. »Kümmern wir uns etwa nicht gut genug um deinen Garten?«

»Natürlich!«, nickte Petronella.

»Andere würden wer weiß was dafür tun, um auch nur einen einzigen Apfelmann in ihren Garten zu locken. Und du hast gleich fünf!«

»Offensichtlich reicht ihr das nicht«, muffelte Spargelzahn beleidigt.

»Genau!«, schimpfte Rübenbach. »Und deshalb bestellt sie einen dahergelaufenen Gartenzwerg, der nichts Besseres zu tun hat, als mit unserer Arbeit ein Lagerfeuer zu machen.«

»Tut mir leid!«, sagte Petronella. »Ihr seid die besten Gartenpfleger und die besten Freunde, die man sich vorstellen kann …«

»Das hätte dir auch schon früher auffallen können«, murrte Bohnenhals.

»Aber …« Petronella holte erneut tief Luft. »Die Apfelbäume, die der Sturm gefällt hat, sind einfach zwei Nummern zu groß für euch! Für einen Zwerg ist es ein Klacks, die Bäume aus dem Weg zu räumen und neue Pflanzlöcher auszuheben. Ihr könnt euch währenddessen um die wirklich wichtigen Gartenarbeiten kümmern.«

»Die wirklich wichtigen Arbeiten …?« Die Apfelmännchen guckten schon ein bisschen weniger griesgrämig.

Petronella nickte. »Natürlich weiß ich, dass ihr auch mit Sturmschäden fertig werdet. Aber mir wäre es viel lieber, wenn ihr euch um die Baumpflege und die Schreinerarbeiten kümmert. Ihr könntet aus dem Holz der Bäume Wichtelmöbel bauen. Doch auch dafür braucht ihr Zeit und Kraft. Was spricht also dagegen, wenn Gambur euch zuarbeitet? Zwerge sind bärenstark. Er kann die Baumstümpfe ausgraben und das Holz für euch vorbereiten. Sobald er damit fertig ist, ist seine Arbeit in meinem Garten beendet, und er wird weiterziehen.«

Gurkenhut kratzte sich am Kinn. »Du meinst, der Zwerg ist nur für die groben Arbeiten zuständig?«

Petronella nickte. »Genau. Nur dazu ist er da.«

Die Apfelmännchen steckten die Köpfe zusammen und tuschelten kurz miteinander.

»Na gut, dann sehen wir uns die Sache mal an …«, verkündete Gurkenhut schließlich.

»Sehr schön«, lächelte Petronella. »Gleich nach dem Frühstück rede ich mit Gambur und erkläre ihm, was er zu tun hat.«

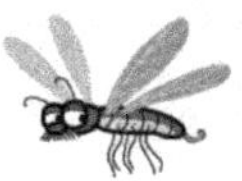

Glück gehabt

Auch wenn der Urlaub nur kurz war, genossen die Zwillinge ihn in vollen Zügen. Jeden Morgen kamen Fritz und Frida zu ihnen auf die Terrasse, um sich ein paar Brotkrumen abzuholen. Lea hätte sie am liebsten gestreichelt, doch leider waren die beiden sehr scheu. Trotzdem konnte sich Lea keinen schöneren Urlaub vorstellen. Ein ganzer Hof voller Tiere und sie mittendrin.

Auch Luis hatte keinen Grund, sich zu beklagen, denn schon am zweiten Ferientag kam Rudi zu ihm und fragte, ob er Lust auf eine Fahrt mit dem Trecker hätte. Was für eine Frage, natürlich hatte er Lust! Also fuhr Luis mit Rudi und Bauer Erdmann ins Dorf, um Futter für die Pferde abzuholen. Und diesmal war es Luis, der vor lauter Glück das Lachen nicht mehr aus dem Gesicht bekam. Denn nachdem sie das Futter auf dem Hof abgeladen hatten, kuppelte Herr Erdmann den Hänger ab, und Luis durfte den Trecker ganz alleine ein paar Runden über die Wiese steuern.

Lea war richtig neidisch, als er ihr später davon erzählte. »Du hättest mir ruhig Bescheid sagen können«, grummelte sie.

»Selber schuld, wenn du lieber Kaninchen streichelst«, meinte Luis. »Außerdem kannst du morgen endlich Kutsche fahren …«

Und damit hatte Luis recht, denn ihre Mutter hatte die ganze Familie zur Heidelbeerfahrt angemeldet. Lea war schon mächtig aufgeregt. Das einzig Blöde an der Sache war bloß, dass Rita und Knut auch mitkamen.

Gerade holte Herr Kuchenbrand wie jeden Morgen die Brötchen rein, die Rudi ihnen an die Tür gehängt hatte, und brachte sie fröhlich pfeifend auf die Terrasse.

»Was ist denn mit der Tüte passiert?«, wunderte sich Luis, der gerade den Tisch deckte.

»Die ist ja ganz dreckig.« Lea rümpfte die Nase.

»Nanu!« Herr Kuchenbrand fuhr sich mit der Hand durchs Gesicht.

»Oh Papa, wie siehst du denn aus?!«, rief Lea erschrocken.

»Wie sehe ich denn aus?«, fragte Herr Kuchenbrand verblüfft.

»Genauso schmutzig wie die Tüte«, meinte Luis.

»Ja, du hast ganz schwarze Streifen im Gesicht!«

»Ist das Schuhcreme?«, fragte Frau Kuchenbrand erstaunt, als sie auf die Terrasse kam.

»Keine Ahnung. Als ich heute Morgen in den Spiegel geguckt habe, sah ich noch ziemlich normal aus.«

»Bist du sicher, dass du dir die Zähne nicht zufällig mit Schuhcreme geputzt hast?«, neckte ihn seine Frau.

»Haha!«, sagte Herr Kuchenbrand beleidigt und sah auf seine Hände. »Ich muss irgendwo rangekommen sein, als ich die Brötchen reingeholt habe.«

Lea und Luis sahen sich an. Wie der Blitz flitzten sie zur Haustür und öffneten sie. Natürlich …!

»Jemand hat schwarze Schuhcreme auf die Türklinke geschmiert!«, rief Lea.

»Wer macht denn so was?«, empörte sich Herr Kuchenbrand und ging ins Haus, um sich die Schuhcreme aus dem Gesicht zu waschen.

»Och, mir fallen da gleich zwei Knallköpfe ein.«

»Du meinst zwei Brummmünder«, grollte Luis.

Da hörte man vom Hof das Klappern von Pferdehufen. »Ich glaube, die Pferde werden schon angespannt!«, rief Lea. »Wir müssen uns mit dem Frühstück beeilen, dann sind wir die Ersten und können ganz vorne sitzen.«

»Haltet uns einfach zwei Plätze frei«, schlug Herr Kuchenbrand vor. Er setzte sich zu ihnen an den Tisch und bestrich sich in aller Ruhe ein Brötchen.

Das ließ sich Lea nicht zweimal sagen. Sie trank ihren Saft aus und sprang auf. »Beeil dich, Luis! Ich kann alleine nicht so viele Plätze frei halten.«

»Du brauchst keine Plätze frei zu halten«, sagte ihr Bruder. »Außer den Brummmunds fährt von hier keiner mit. Die anderen Fahrgäste steigen erst im Dorf dazu.«

Trotzdem beeilten sich die Zwillinge, in die Kutsche zu kommen. Und als es endlich losging, saß Familie Kuchenbrand ganz vorne hinter dem Kutscher und Familie Brummmund ganz hinten in der letzten Reihe. Und das war auch gut so.

Der Kutscher schnalzte mit der Zunge, und das Pferdegespann setzte sich in Bewegung.

»Sind das Kuno und Gustav?«, fragte Lea, obwohl sie es ganz genau wusste.

»Jo«, sagte der Kutscher. Besonders gesprächig war er nicht.

Es war herrlich, in einer Kutsche unterwegs zu sein. Ein bisschen langsam, fand Luis. Aber das Klappern der Hufe auf dem Asphalt gefiel auch ihm.

Im Dorf warteten schon die anderen Fahrgäste. »Das sind bestimmt hundert«, staunten die Zwillinge, als sie die Schar der Menschen sahen, die alle einen Ausflug in der Pferdekutsche gebucht hatten. Herr Kuchenbrand sah sich unbehaglich um.

»Wollen die wirklich alle mit?«, fragte Lea, als die Ersten mit Eimern und Körben einstiegen.

»Wir fahren mit drei Kutschen«, gab der Kutscher Auskunft. »Alles einsteigen und festhalten! Los geht's!«, rief er dann, und schon zogen die Pferde an.

Auf weißen Sandwegen ging die Fahrt über Hügel und Täler. Immer wieder wies der Kutscher seine Gäste auf den einen oder anderen Gedenkstein hin oder zeigte ihnen etwas Besonderes, wie die größte Heidschnuckenherde der Region. Alles in allem dauerte die Fahrt recht lange und war nicht besonders spannend. Rita und Knut fingen bald an zu streiten. Ihre Eltern hatten riesige Fresspakete mitgenommen, aber den letzten Schokoriegel wollten nun beide haben. Das Papier warfen sie einfach hinter sich aus der Kutsche.

Lea betrachtete die Landschaft und überlegte, ob sie auf der Rückfahrt wohl auf dem Kutschbock sitzen durfte. Luis dagegen war froh, dass er ein Hörspiel dabeihatte. Er hatte mal wieder Kopfhörer in den Ohren und lauschte dem neusten Abenteuer seiner Lieblingsdetektive.

Dann hatten sie endlich ihr Ziel erreicht. Der Wald, in dem sich laut Prospekt die größte Heidelbeerstelle der Gegend befand, hob sich dunkel von der übrigen Landschaft ab. Kuno und Gustav kannten den Weg genau und hielten ganz von selbst hinter dem Gespann vor ihnen an.

»Alles aussteigen!«, rief der Kutscher. »Hier wachsen die leckersten Blaubeeren der ganzen Heide. Aber bitte denken Sie daran: Pflücken Sie nur so viele Beeren, wie Sie verzehren können. Heidelbeeren sind auch im Kühlschrank nicht lange haltbar.«

Die Fahrgäste sprangen von der Kutsche, und Lea bezweifelte, dass sie dem Kutscher überhaupt zugehört hatten. Wie ein Schwarm Heuschrecken fielen sie über die kniehohen Sträucher her und rupften die Beeren von den Ästen. Frau Kuchenbrand gab ihren Kindern eine kleine Dose in die Hand. »Wir waschen die Beeren zu Hause gründlich ab und essen sie mit Joghurt oder Milch. Ihr werdet sehen, wie lecker sie selbst gepflückt schmecken!«

»Ich glaube nicht, dass mir die Beeren besser schmecken als vom Wochenmarkt«, meinte Luis. »Jetzt, da ich sehe, was hier los ist.«

Lea musste ihm recht geben. Manche Heidelbeerpflücker hatten sogar breitzinkige Kämme mitgebracht, mit denen sie die Beeren einfach von den dünnen Ästen streiften konnten, damit es schneller ging.

»Was machen eigentlich die Brummmunds?«, wollte Luis wissen.

Lea zuckte mit den Schultern und sah sich suchend um. »Sie pflücken«, sagte sie dann. »Ihre Mutter hat eine Plastiktüte dabei.«

»Sieh mal, Mama, ist die Beere aber dick!«, rief Rita gerade.

»Schmeckt die?«, fragte ihr Bruder und wollte danach greifen.

»Nein, das ist meine!«, schrie Rita und stieß ihn weg.

Luis grinste. »Was für Doofmänner. Wegen der Schuhcreme gibt es Rache, oder?«

Lea nickte und brachte ihre Beerenausbeute zu ihrer Mutter. Die verschloss die Dose sorgfältig und verstaute sie in ihrem Rucksack.

»Jetzt seht euch mal an, was für ein herrliches Plätzchen ich gefunden habe!«, rief Herr Kuchenbrand.

Sofort war die Familie bei ihm. Der Ausblick war wirklich wunderbar, sogar ein kleines Bächlein suchte sich seinen Weg durch Farn und Moos.

»Was sagt ihr nun? Sie haben sogar eine Bank für mich aufgestellt!« Ihr Vater streckte sich genüsslich aus. »Sucht ruhig noch ein paar Beeren, während ich hier meditiere.«

Während ihre Mutter weiter Heidelbeeren pflückte und Luis anfing, mit einem Ast und Tannenzapfen Golf zu spielen, ging Lea zu den Pferden, um sie zu streicheln. Die Kutscher hatten ihnen Futtersäcke umgebunden, und sie kauten zufrieden.

Plötzlich bemerkte sie eine dünne Rauchfahne abseits im Wald. Lea traute ihren Augen nicht. Rita und Knut hatten ein Brennglas dabei und versuchten tatsächlich, Feuer zu machen.

»Du musst pusten!«, rief Rita aufgeregt, »sonst geht es wieder aus.« Und Knut pustete, was das Zeug hielt.

»Seid ihr dumm?«, rief Lea. »Ihr könnt doch im Wald kein Feuer machen!«

»Du siehst doch, dass wir das können!«, grinste Knut. »Verschwinde!«, blaffte Rita.

Lea drehte sich um und rannte zu ihren Eltern. »Mama, Papa! Rita und Knut haben Feuer gemacht!«

»Was?!« Die Kuchenbrands sahen sich um. Inzwischen hatten auch alle anderen die Flammen entdeckt. Der Waldboden war trocken, und die Flammen fanden reichlich Nahrung. Im Nu war aus der dünnen Rauchfahne ein richtiges Feuer geworden.

»Lass uns abhauen!«, rief Knut, und schon machten sich die Geschwister aus dem Staub.

Es war pures Glück, dass es den Waldbach gab und alle so entschlossen handelten. Die Kutscher nahmen die Pferdedecken, um die Flammen zu ersticken, und die Urlauber holten in ihren Eimern und Schüsseln Wasser. Auch Herr Kuchenbrand hatte seine Kapuzenjacke ins Wasser getaucht und damit die Flammen ausgeschlagen, bevor sie sich ausbreiten konnten. Das Feuer war schnell gelöscht, aber der Schaden war angerichtet. Gepflückte Beeren lagen ausgekippt am Boden, und Heidelbeersträucher waren verbrannt.

Rita und Knut bekamen riesigen Ärger. Mit hängenden Köpfen ließen sie die Strafpredigt ihrer Eltern über sich ergehen. Aber Lea sah genau, wie sie dabei heimlich grinsten.

Bio
fit

Wo ist Gambur?

Für Petronella begann der Morgen genauso, wie der letzte Abend aufgehört hatte. Mit einer großen Aufregung.

Gleich nach dem Aufstehen bestückte die kleine Hexe das Frühstückstablett für Gambur, den Starken. Sie legte einen Hexenzopf mit Rosinen darauf, kochte eine Kanne Tee und stellte eine Schale Kornknacker dazu. Dann zückte sie ihren Zauberstab und murmelte:

»Krötenbein und Küchenschabe,
hier kommt meine Frühstücksgabe.
Zipfelmütz und Hexenwerk,
fliege flink zum Gartenzwerg!

Hex Höx!«

Nach diesen Worten öffnete sie das Fenster, und das Tablett schwebte hinaus zum Zwergenhaus.

Petronella aß eine Kleinigkeit und wollte sich gerade auf den Weg machen, um die Hühner zu füttern, als das Tablett schon wieder vor ihrem Küchenfenster auftauchte.

»Nanu?«, wunderte sich die Apfelhexe. Das Tablett schwebte herein und ließ sich auf dem Tisch nieder.

»Sehr aufmerksam von dir«, freute sich Lucius, als er verschlafen ins Zimmer kam. »Aber warum servierst du mir das Frühstück auf einem Tablett?«

»Das ist nicht für dich«, antwortete Petronella. »Ich habe es Gambur geschickt, aber es kam wieder zurück. Irgendetwas stimmt da nicht.«

»Vielleicht ist er längst weitergezogen. Wundern würde es mich nicht, nach dem Empfang, den ihm die Apfelmännchen bereitet haben.«

»Lass uns nachsehen«, sagte Petronella und setzte ihren Hexenhut auf. Gleich darauf schwirrte sie mit Lucius durch den Garten zu ihrem alten Wohnwagen, der jetzt ein Zwergenhäuschen war.

»Hach, ist das Häuschen nicht entzückend?«,

schwärmte die Apfelhexe. »Dieser Zauber ist mir wirklich ganz ausgezeichnet gelungen.«

Lucius landete auf der Veranda, und Petronella schüttelte die silbernen Apfelkerne in ihrer Hand, um zu wachsen. Dann klopfte sie an die Tür. Keine Antwort.

»Hallo! Ist jemand zu Hause?« Als noch immer niemand antwortete, ging sie einfach hinein. Ein Blick genügte, um zu wissen, dass dieses Haus vollkommen unbewohnt war. »Er ist weg«, sagte sie ratlos zu Lucius, der vor der Tür gewartet hatte.

»Schön wär's!«, brummte Rübenbach, der zufällig vorbeikam. »Vor dem alten Dachsbau gleich hinter der Hecke ist über Nacht ein riesiger Maulwurfshügel entstanden.«

»Und du meinst, Gambur hat damit etwas zu tun?«

Rübenbach zuckte mit den Schultern. »Kann man es wissen?«

Lucius setzte sich auf Petronellas Schulter, und gemeinsam gingen sie zu der großen Hecke am Ende des Gartens. Viele Jahre hatte dort ein alter Dachs gehaust, doch eines Tages war er ausgezogen, um auf Weltreise zu gehen. Seitdem stand der Bau leer.

Als Petronella mit Lucius und Rübenbach ankam, standen Gurkenhut und Spargelzahn auch schon davor.

»Hast du schon mal so einen großen Maulwurfshügel gesehen?«, fragte Gurkenhut.

Spargelzahn schüttelte den Kopf. »Das muss ein Tyranno-Maulwurf-Rex gewesen sein!«

»Oder ein ausgewachsener Zwerg!«, schnaubte Gurkenhut.

Petronella schluckte. Der Erdhaufen

reichte ihr locker bis zur Schulter. »Guten Morgen, Männer!«, sagte sie so beschwingt wie möglich.

»Hm«, knurrte Gurkenhut. »Wenn es stimmt, was ich vermute, dann ist es kein besonders guter Morgen!«

»Und was vermutest du, Gurkenhütchen?«

»Ich vermute, dass der Zwerg in den Dachsbau gezogen ist und uns den ganzen Dreck in den Garten geschaufelt hat! Jawohl, das vermute ich!«

Petronella seufzte. Vor dem Dachsbau lehnten tatsächlich eine Spitzhacke und eine Schaufel. »Ich fürchte, da könntest du recht haben«, gab sie zu.

»Vielleicht schläft er ja noch!«, rief Spargelzahn und kroch auch schon in den Bau. Kurz darauf war er wieder zurück.

»Und?«, fragten die anderen gespannt.

»Er ist nicht da. Aber sein Rucksack liegt auf dem Bett, und groß und geräumig ist die Höhle jetzt auch.«

Gurkenhut kratzte sich missmutig am Kinn. »Wenn er schon anfängt, sich ein Bett zu zimmern, will er sicher länger bleiben …«

»Ich wusste gar nicht, dass Gartenzwerge unter der Erde leben«, sagte Rübenbach.

»Vielleicht ist er ein Quereinsteiger«, überlegte Spargelzahn. »Ein Bergwerkszwerg, der auf Gartenzwerg umgesattelt hat.«

»Ein Gartenzwerg braucht einen grünen Daumen«, sagte Gurkenhut.

»Den hat er!«, knurrte Karottenwams, der in diesem Moment dazukam. »Ihr werdet es sehen, wenn ihr euch die Wildblumenwiese hinter dem Mühlteich anschaut.«

»Was meint Gurkenhut mit grünem Daumen?«, summte Lucius, während sie alle zusammen zum Mühlteich liefen.

»Das sagt man, wenn jemand gut mit Pflanzen umgehen kann«, antwortete Petronella. Dann hatten sie die Wildblumenwiese hinter dem Mühlteich erreicht, und Petronella blieb vor lauter Schreck der Mund offen stehen. Ein englischer Rasen war nichts dagegen. Mit einer Sense schnitt Gambur das Gras raspelkurz, und da, wo er fertig war, waren kein einziges Kraut und keine einzige Blume mehr zu sehen.

»Ah, guten Morgen, Madame!«, rief der Gartenzwerg und hob grüßend die Hand. »Gut, dass Ihr kommt. Sagten Sie nicht, die Apfelmännchen würden sich um Ihren Garten kümmern?«

Petronella nickte stumm.

»Mit ihnen scheint nicht viel los zu sein. Unkraut,

wohin das Auge schaut. Es geht mich eigentlich nichts an, aber ich konnte das Elend nicht länger ertragen …«

»Unkraut?!«, rief Gurkenhut erbost. »Das sind Wildkräuter, aus denen Petronella Heiltrünke, Salben und andere Tinkturen herstellt. Du hast ja keine Ahnung, du … du …!«

Petronella schluckte. Gurkenhut hatte recht. Sie erkannte ihre Wildblumenwiese nicht wieder. Der Zwerg hatte nicht nur den Rasen gründlich gemäht, er hatte auch neue Beete angelegt, auf denen jetzt Rittersporn, Schleierkraut und rote Rosen wuchsen.

»Das hast du jetzt davon!« Gurkenhut sah seine Freundin grimmig an. »Ich habe dir gleich gesagt, dass wir keine Gartenzwerge brauchen. Ihr Arbeitseifer ist gefürchtet, aber du wolltest ja nicht auf mich hören.«

Petronella ballte die Fäuste. Sie war ungeheuer wütend, dass Gambur sie vorher nicht gefragt hatte, was es im Garten zu tun gab. »Hör sofort auf damit!«, verlangte sie.

Erstaunt sah der Zwerg sie an. »Meint Ihr mich?«

»Wen denn sonst?«, rief Petronella ungehalten. »Ich habe dich herbestellt, damit du dich um die Sturmschäden kümmerst und neue Pflanzlöcher aushebst. Mehr nicht!«

»Schon klar, aber so einfach geht das nicht. Bevor ich anfange zu arbeiten, brauche ich eine Umgebung die mich inspiriert … und nicht irgendeine Wildnis, in der jede Pflanze macht, was sie will.«

»Dann hast du dir den falschen Garten ausgesucht!«, rief Karottenwams.

»Kommt mir auch so vor«, erwiderte der Zwerg. »Ich hole bloß meine Sachen, und weg bin ich …« Er warf die Sense ins Gras und stapfte beleidigt davon.

Die Apfelhexe atmete dreimal tief durch. »Warte!«, rief sie dann. »Alles zurück auf Anfang! Wir tun einfach so, als wärst du gerade erst angekommen, einverstanden? Gurkenhut ist nicht so giftig, und du tust einfach das, was du tun sollst. Nicht mehr und nicht weniger.«

»Giftig?« Gurkenhut verschränkte die Arme und klopfte mit der Fußspitze auf den Boden.

»Bitte, Gurkenhütchen!«, sagte Petronella.

»Hm«, brummte der Zwerg. »Na gut, bis zu meinem nächsten Engagement ist es noch ein paar Tage hin. Also zeigt mir, was ich tun soll, und ich fange sofort an!«

»Gebt euch die Hand darauf!«, verlangte Petronella.

Gurkenhut und Gambur sahen sich finster an. Man konnte sehen, wie schwer es ihnen fiel, sich die Hände zu schütteln. Doch dann gaben sie sich einen Ruck.

Petronella fiel ein Stein vom Herzen. »Sehr schön«, sagte sie zufrieden.

Ich höre was, was du nicht siehst

An ihrem Urlaubsort saß Familie Kuchenbrand am Abend auf der Terrasse und aß mit großem Appetit die selbst gepflückten Heidelbeeren mit Milch.

»Lecker!«, schmatzte Luis und löffelte seinen Teller ratzeputz leer. »Das waren die besten Heidelbeeren, die ich je gegessen habe.«

Lea runzelte die Stirn. »Ich finde sie auch lecker. Aber wenn die Menschen immer alles leer pflücken, bleibt ja nichts mehr für die Tiere übrig.«

»Ach was«, sagte Herr Kuchenbrand. »Es gibt doch noch genügend andere Heidelbeerstellen, die die Menschen nicht kennen. Also, ich lasse mir den Spaß nicht verderben.«

Da hörten sie es leise schnattern. Im Gänsemarsch kamen Frida und Fritz angewatschelt. Sie reckten die Hälse und machten leise Geräusche.

»Sind die nicht zum Knuddeln?«, fragte Lea. »Bitte, Mama, gib mir noch ein Stück Brot.«

Frau Kuchenbrand reichte es ihr, und Lea warf den Gänsen kleine Brocken hin. Zuerst schauten sich Frida und Fritz misstrauisch um, dann beäugten sie die Brotstückchen und fraßen sie – happs! – auf. Lea kicherte zufrieden.

»Ob man sie irgendwann aus der Hand füttern kann?«, fragte Luis und hielt Frida auch ein Stück Brot hin. Die Gänsedame überlegte hin und her und schnappte ihm dann das Brot aus der Hand. »Autsch, hat die aber einen harten Schnabel!«, rief Luis und besah sich seine Finger.

»Rudi hat es so gut«, seufzte Lea. »Ich wünschte, wir hätten auch zwei Gänse.«

»Ihr habt fünf Hühner, das reicht«, murrte Herr Kuchenbrand. Und damit war das Thema erledigt.

Im Urlaub durften die Zwillinge so lange aufbleiben, wie sie wollten. Heute Abend war es ganz besonders schön auf der Terrasse. Die Steine waren noch ganz warm von der Sonne, und das Feuer im Feuerkorb knisterte so behaglich, dass Lea und Luis gar nicht aus ihren Liegestühlen aufstehen wollten. Außerdem hatten sich Frida und Fritz zum Schlafen ganz dicht an die Hecke gekuschelt, und sogar eine Fledermaus konnte man auf der Jagd nach Insekten beobachten.

»Ist es nicht schön hier draußen«, seufzte ihre Mutter. »Wir sollten unseren eigenen Garten viel mehr nutzen.«

Herr Kuchenbrand gähnte. »Leider fehlt uns zu Hause die Zeit, um auf der Terrasse zu faulenzen.« Er stand auf und fing an, den Tisch abzuräumen. »Ich bin müde, was ist mit euch?«

»Ich bin auch total erledigt«, gestand ihre Mutter. »Frische Landluft macht eben doch müde.«

»Ja, legt euch ruhig schon hin. Ich bleibe noch ein bisschen draußen«, erklärte Luis.

»Ich auch«, sagte Lea und kuschelte sich noch tiefer in die Polster.

»Aber du musst still sein«, verlangte ihr Bruder. »Ich habe nämlich keine Lust, mich zu unterhalten.«

»Will ich gar nicht«, versicherte Lea. »Aber vielleicht kommt ja ein Igel vorbei.«

»Macht, was ihr wollt. Ich gehe jetzt in meinen Stall.« Ihr Vater gähnte noch einmal und verschwand im Haus.

Lea und Luis saßen tatsächlich eine ganze Weile mucksmäuschenstill auf der Terrasse und lauschten all den Geräuschen, die es nur abends zu hören gab. Die Grillen zirpten, ein Igel lief schnaufend durchs Gras, und irgendwo in der Ferne rief ein Käuzchen.

Aber plötzlich war da noch ein anderes Geräusch zu hören. Es klang irgendwie blechern, so als würde jemand gegen eine Konservendose klopfen.

Nanu? Lea spitzte die Ohren und stand auf. Das Geräusch war zwar leise, aber es klang ganz anders als all die anderen Geräusche rundherum. Neugierig schaute sie hinter die Hecke.

Da war plötzlich Luis bei ihr. »Was ist?«, wollte er wissen.

»Hast du das auch gehört?«, fragte Lea. »Es klingt wie ein ganz leises Brummen …«

Luis lauschte. »Stimmt. Das Geräusch kommt von Brummmunds Terrasse. Vielleicht sind sie noch auf!«

Die Zwillinge schlichen weiter und linsten durch die Hecke der Brummmunds. Im Haus brannte zwar Licht, doch die Terrasse war leer. Ein Sandkasteneimer mit Heidelbeeren lag achtlos im Gras, und eine glänzende Bonbondose mit sauren Drops stand mitten auf dem Tisch.

»Sie haben die Heidelbeeren nicht mal gegessen«,

sagte Lea. Da machte die Bonbondose plötzlich einen kleinen Hüpfer. Es klirrte leise, und die Zwillinge sahen sich an.

»Da ist etwas drin«, flüsterte Luis aufgeregt.

»Bestimmt haben sie Maikäfer darin eingesperrt«, meinte Lea. »Wir müssen sie befreien.«

Leise wie die Katzen schlichen sie auf die Terrasse der Brummmunds.

»Mach auf«, flüsterte Lea aufgeregt.

»Rita, Knut! Räumt bitte den Tisch ab und geht auf euer Zimmer!«

»Aber …!«

»Kein Aber … Ihr hättet beinah den Wald in Brand gesetzt. Strafe muss sein!«

»Beeil dich!«, zischelte Lea.

Luis hob den Deckel vorsichtig an. Er erwartete, dass ihm ein dicker Käfer entgegenschwirren würde, aber nichts geschah.

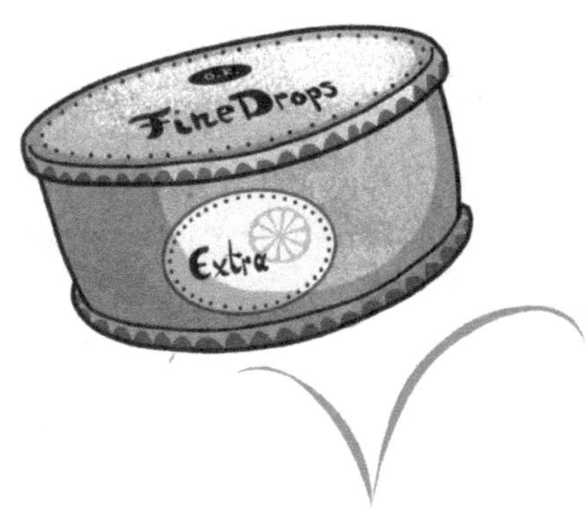

»Was ist drin?«, fragte Lea.

»Heidelbeeren«, sagte Luis enttäuscht und stellte die Dose zurück auf den Tisch.

In diesem Moment kamen Rita und Knut aus der Tür.

Mit einem Satz waren die Zwillinge hinter der Hecke und flitzten zurück auf ihre Terrasse.

»Puh, das war knapp!«, japste Lea.

»Und wie knapp das war«, grinste Luis.

»Haben sie die Dose mit reingenommen?«, fragte Lea.

Luis zuckte mit den Schultern. »Keine Ahnung, aber ist doch auch egal. Es waren nur Heidelbeeren drin.«

»Aber Heidelbeeren bewegen sich nicht von alleine«, sagte Lea.

»Stimmt. Soll ich noch mal nachsehen?« Ohne eine Antwort abzuwarten, sauste Luis los und war gleich darauf wieder zurück. »Die Dose ist noch da«, verkündete er. »Und du hattest recht. Sie hat sich schon wieder bewegt!«

»Siehst du. Ich sag doch, dass da etwas nicht stimmt. Warte mal kurz!« Lea lief eilig in ihr Zimmer und war gleich wieder zurück. »Tataaa!«, rief sie und hielt einen kleinen flachen Stein mit einem Loch in der Mitte in der Hand.

»Du hast den Feenstein mitgenommen, den Petronella uns zu Weihnachten geschenkt hat?«, staunte Luis.

»Natürlich«, erwiderte Lea. »Wie soll ich sonst all die Blumenfeen und Laubfresser finden!«

»Du meinst, in der Dose ist ein magisches Wesen gefangen?«, fragte Luis.

»Na klar. Was denn sonst?« Lea schlich leise zur Terrasse der Brummmunds, und Luis folgte ihr. Die Dose stand noch immer auf dem Tisch.

Lea öffnete sie leise und sah durch das Loch im Stein. »Ooooh, was ist das denn?«, flüsterte sie entzückt.

»Wieso …? Lass mal sehen!«

Lea hielt ihrem Bruder wortlos den Feenstein hin, und Luis sah ebenfalls durch das Loch. »Hä …? Ist das ein … ist das ein Marshmallow …?«

»Quatsch, es muss eine Art dicke Fee sein! Sonst würde der Feenstein sie uns nicht zeigen«, flüsterte Lea so leise wie möglich.

»Sie hat sich eingerollt. Und sie ist blau. Gibt es denn blaue Feen?«, wunderte sich Luis.

In diesem Moment bewegte sich etwas hinter der Terrassentür, und Rita kam noch einmal heraus. Sie wunderte sich über die offene Dose und setzte den

Deckel fest darauf. Dann nahm sie die Dose samt Fee mit ins Haus.

»Stell die Heidelbeeren in den Kühlschrank!«, rief ihre Mutter.

Lea und Luis saßen hinter der Hecke und sahen sich erschrocken an.

Auf funkelnden Wegen

Nachdem sie das kleine Wesen in der Dose entdeckt hatten, wollten die Zwillinge nicht länger auf der Terrasse herumsitzen. Sie mussten reden. Und sie mussten überlegen, wie sie die Fee befreien konnten, die in Ritas Bonbondose gefangen war.

Auf dem Weg in ihr Zimmer kam ihnen ihr Vater entgegen. »Na, ihr zwei. Habt ihr genug Landluft geschnuppert?«, fragte er.

»Was würdest du tun, wenn du wüsstest, dass jemand eingesperrt ist, aber du kommst nicht an ihn ran?«, fragte Luis statt einer Antwort.

Lea trat ihm unauffällig auf den Fuß und funkelte ihn böse an. Sei still, sollte das heißen.

»Ich würde zur Polizei gehen«, gähnte ihr Vater. Er wollte gerade im Schlafzimmer verschwinden, drehte sich aber noch einmal um. »Ist denn jemand eingesperrt?«

»Nee«, sagte Luis. »Ich hab nur so gefragt.«

»Gut, dass du nicht Mama gefragt hast«, schimpfte Lea. »Sie hätte dich so lange gelöchert, bis du alles verraten hättest.«

»Deshalb habe ich ja auch Papa gefragt«, erklärte Luis. »Zur Polizei können wir natürlich nicht gehen. Die halten nicht so viel von Feen. Aber vielleicht können wir uns bei den Brummmunds ins Haus schleichen …«

»Und was ist, wenn sie uns erwischen?«, fragte Lea. »Warum ist Petronella nicht hier …?«

»Aber wir brauchen sie doch bloß anzurufen!«, sagte Luis. »Schließlich hat sie uns die Milchstraßenstreusel extra dafür mitgegeben. Du hast sie doch eingepackt, oder?«

»Natürlich!«, antwortete Lea und zog die kleine Tüte aus ihrem Koffer. »Dann lass uns die Streusel ausprobieren.«

Die Geschwister zogen ihre Pullover über, und Lea packte vorsichtshalber noch ein Brötchen ein. »Wie Hänsel und Gretel«, schmunzelte sie.

»Hoffentlich nicht«, murmelte Luis und trat hinaus auf die Terrasse.

»Bist du bereit?«, fragte Lea.

Ihr Bruder nickte. »Na klar. Aber streu nicht alles auf einmal aus.«

Lea öffnet die Tüte … Und

da ging es auch schon los. Ohne ihr Zutun sprangen die glitzernden Streusel heraus. Und zwar alle auf einmal. Sie funkelten silbern und golden, schossen hoch in den Himmel hinauf und stürzten wieder zurück zur Erde. Ein Silvesterfeuerwerk war nichts dagegen, nur ging hier alles ganz leise vonstatten. Nachdem die Milchstraßenstreusel auf der Terrasse gelandet waren, sortierten sie sich und wurden zu einer schmalen, glitzernden Straße.

»Los, hinterher!«, rief Luis. Denn die ersten Glitzerkrümel fingen bereits an, sich aufzulösen. Die Zwillinge folgten der Straße ums Haus und von dort über den Hof zum Stall. Hier liefen die Streusel einfach die Wand hinauf, dann weiter über das Dach und auf der anderen Seite runter. Die Zwillinge flitzten um den Stall herum und immer hinter der leuchtenden Spur her weiter über die Pferdekoppel. Hier ging es sieben Mal im Kreis.

»Ich bekomme gleich einen Drehwurm«, murmelte Lea. Und als hätte die glitzernde Straße sie verstanden, änderte sie plötzlich die Richtung und führte die Zwillinge von der Weide herunter und zwischen zwei Bäumen hinaus auf die Heide. Die Streusel funkelten wie winzige Diamanten, und die Zwillinge hatten keine Mühe, ihrer Fährte zu folgen. Trotzdem wurden die Kinder immer langsamer. Nacktschnecken kreuzten ihren Weg und die Wacholderbüsche, die ihnen bei Tag so gut gefielen, standen nun wie dunkle, unheimliche Wächter in der Landschaft.

Lea und Luis überlegten gerade, ob es nicht besser wäre, wieder zurück zum Bauernhof zu gehen, als die glänzende Straße erneut zu einem Kreisel wurde. Die Kinder folgten den engen Windungen bis zur Mitte. Dann machte es »puff!«, und vor ihnen stand auf einmal ein kleines, windschiefes Haus. Wacholderbüsche ragten rechts und links daneben auf, und aus seinem Schornstein stieg eine dünne Rauchfahne in den nächtlichen Himmel.

»Wow!«, staunte Luis.

Doch Lea stieß ihn heimlich an. Denn auf dem Zaun vor dem Haus saß eine dunkle Gestalt, die sie beobachtete.

»Guten … Guten Abend …!« Luis nahm seinen ganzen Mut zusammen. »Sind Sie zufällig die Cousine von Petronella Apfelmus?«

»Wer will das wissen?«, fragte die Gestalt und sprang vom Zaun.

Lea und Luis gingen vorsichtshalber ein paar Schritte zurück.

»Wir sind Lea und Luis Kuchenbrand«, erklärte Lea. »Und wir sind mit Petronella befreundet.«

»Sehr gut befreundet!«, ergänzte Luis.

»Wirklich?«

Die Kinder nickten. Inzwischen konnten die Zwillinge die Frau gut erkennen. Sie trug ein bodenlanges Kleid, hatte kleine flinke Augen und einen Zopf, der in der Dunkelheit leuchtete.

»Hm«, murmelte die Hexe, während sie um die Kinder herumging und sie von allen Seiten musterte. »Ihr seid auf der Milchstraße gereist. Es könnte also stimmen, was ihr von Petronella erzählt.«

»Natürlich stimmt es. Wir müssen unbedingt mit ihr sprechen«, sagte Lea. »Petronella hat uns gesagt, wenn wir ihre Hilfe brauchen, können Sie sie anrufen. Sie sind doch Petronellas Cousine, oder?«

»Das bin ich«, gab die Hexe zu. »Ich heiße Erika. Allerdings habe ich mein Telefon schon seit Jahren nicht mehr gesehen. Kann sein, dass das Ding kaputt ist. Oder es wohnen Mäuse darin … oder …«

»Würden Sie bitte nachsehen? Es ist nämlich wirklich dringend«, bat Lea.

»Schon gut, schon gut. Ich werde es suchen. Kommt mit ins Haus.« Erika ging ihnen voran, und die Münzen an ihrem Gürtel klirrten leise bei jedem Schritt. Plötzlich stieß Luis seine Schwester an. »Siehst du das kleine Messer an ihrem Gürtel?«, flüsterte er.

Lea blieb auf der Stelle stehen.

Die Hexe drehte sich zu ihnen um und fing an, laut zu lachen. »Hat euch mein Messer erschreckt?« Sie zog es aus dem Gürtel und hielt es hoch in die Luft. Die Klinge war so krumm wie die Sichel des Mondes, der über ihnen am Himmel stand.

»Ihr braucht keine Angst zu haben«, versicherte sie. »Ich brauche das Messer nur, um Kräuter zu schneiden.« Und damit verschwand sie in ihrem Haus und ließ die Tür offen.

Echte Stinkstiefel

Lea und Luis zögerten, ganz geheuer war ihnen die fremde Hexe nicht. Trotzdem warfen sie einen Blick durch die Tür. In diesem Hexenhaus sah es ganz anders aus als in Petronellas Apfel. Alles hier war schief und krumm. In der Ecke stand ein dicker Kontrabass, Bücher stapelten sich bis unter die Zimmerdecke, und auf dem schiefen Sofa döste eine schwarze Katze. Als sie die Kinder in der Tür bemerkte, öffnete sie kurz ihre smaragdgrünen Augen und gähnte verschlafen.

Erika kniete währenddessen bereits vor ihrem Bett und zog darunter Strümpfe, Gummistiefel, Kartons und sogar eine Zahnbürste hervor. Dann endlich hatte sie gefunden, wonach sie suchte. Triumphierend hielt sie ein altes schwarzes Telefon in die Luft. »Ich habe doch gewusst, dass es hier irgendwo sein muss!«, rief sie zufrieden.

Lea und Luis waren auch hocherfreut, bis sie bemerkten, dass das Kabel am unteren Ende des Telefons abgeschnitten war.

»Na, was sagt ihr jetzt? In einem ordentlichen Haushalt geht nichts verloren!«

VONABISZ
TOLL
Kräuter
Mein Kontrabass
MAGIE
FUCHS
Mäh
wichtig
Möh

»Toll!«, murmelte Luis.

»Funktioniert das Telefon auch?«, fragte Lea skeptisch.

»Natürlich, warum denn nicht?«, wunderte sich Erika und wischte den Staub auf dem Apparat mit dem Ärmel ihres Kleides ab.

»Weil das Kabel abgeschnitten wurde«, erklärte Lea.

»Na, du scheinst mir ja eine ganz Schlaue zu sein!«, brummte Erika. »Warte nur ab, bis ich Petronellas Nummer gefunden habe. Ich habe sie irgendwo aufgeschrieben. Wenn ich nur wüsste, wo …« Ratlos sah die Hexe sich um. »Ach ja!« Sie wühlte zwischen Büchern und Landkarten, die auf ihrem Schreibtisch lagen, und fischte schließlich ein vergilbtes Stück Papier heraus. »Da ist sie ja!«

Erika stellte das Telefon auf den Tisch und fing an, Petronellas Nummer zu wählen.

»Das klappt nie«, murmelte Luis leise. Doch da war Petronella auch schon am Apparat.

»Petronella Apfelmus«, kam ihre Stimme verschlafen aus dem Hörer.

»Hallöchen, meine Liebe! Alles schön knackig in deinem Apfelgarten? Vor meiner Tür stehen zwei Kinder, die dich unbedingt sprechen wollen!«

»Zwei Kinder?« Jetzt war Petronella hellwach. »Ist ihnen etwas passiert?«

»Ich glaube nicht. Ohren und Nasen sind jedenfalls noch dran.«

»Sehr beruhigend. Würdest du jetzt bitte einem von ihnen den Hörer geben?«

»Mach ich, Rosinchen. Ähm, ich meine natürlich, Cousinchen! He, Kinder, kommt mal her!«

Und dann waren die Kinder endlich am Telefon. »Petronella?«, fragte Lea vorsichtig, während Luis sein Ohr ebenfalls ganz nah an den Hörer schob, um mitzuhören.

»Was ist los ihr Kröten? Ich dachte, ihr amüsiert euch tüchtig!«

»Tun wir ja auch, wenigstens meistens.« Und dann erzählte Lea der Apfelhexe, was passiert war. Sie erzählte von Rita und Knut, von ihrem Ausflug in der Pferdekutsche, und sie erzählte davon, wie die Geschwister zwischen den Heidelbeeren Feuer gemacht und damit beinah den ganzen Wald in Brand gesetzt hatten.

Besonders die Sache mit dem Feuer machte Petronella wütend. »Sind die beiden nicht ganz bei Trost?«, ereiferte sich die Apfelhexe. »Wer weiß, wie viele Käfer oder Heidelbären dabei ihr Zuhause verloren haben.«

»Rita und Knut sind echte Blödkoffer. Sogar Papa war richtig wütend. Aber weißt du, was noch passiert ist? Die Brummmunds haben eine Fee gefangen!«

Jetzt nahm Luis den Hörer. »Wir glauben jedenfalls, dass es eine Fee ist. In der Bonbondose, die Rita auf der Terrasse vergessen hat, hat sich etwas bewegt.«

»Habt ihr mal reingeschaut?«, fragte Petronella.

»Na klar! Wir haben extra den Feenstein geholt.«

»Und was war drin?«

»Lauter Heidelbeeren und eben diese dicke blaue Fee«, sagte Luis. »Es könnte auch ein Marshmallow gewesen sein, aber der hätte nicht gegen die Dose geklopft …«

Lea nahm ihrem Bruder wieder den Hörer aus der Hand. »Das war kein Marshmallow. Es war eine Fee. Der Stein hat sie uns gezeigt. Sie hat sich zusammengerollt und tot gestellt, als wir in die Dose geguckt haben …«

Luis zog Lea den Hörer aus der Hand. »Und dann hat Ritas Mutter gesagt, Rita soll die Bonbondose in den Kühlschrank stellen!«, erzählte er.

Petronella war still. Anscheinend dachte sie nach. »Ihr habt Heidelbeeren gepflückt?«, vergewisserte sie sich.

»Ja.«

»Dann ist die Sache klar. Das schreckliche Mädchen hat einen Heidelbären erwischt.«

»Natürlich hat sie Heidelbeeren erwischt!«, rief Luis. »Und nicht nur eine. Du hättest sehen sollen, wie viele Beeren die Brummmunds gepflückt haben ...«

»Ich rede nicht von Blaubeeren«, unterbrach ihn Petronella. »Ich rede vom Heidelbären. Dem Schutzgeist der Heidelbeersträucher. Er kümmert sich darum, dass es den Pflanzen gut geht und dass die Sträucher viele Früchte tragen.«

»So wie die Apfelmännchen sich um deine Apfelbäume kümmern?«, fragte Lea, die ihr Ohr so nah wie möglich an den Hörer brachte.

»Genau«, antwortete Petronella.

»Und was geschieht, wenn der Heidelbär weg ist?«

»Dann gehen die Pflanzen ein.«

»Oje, was sollen wir denn jetzt tun?!«, rief Lea.

»Er wird sich im Kühlschrank ganz schön erkälten«, überlegte Luis.

»Da braucht ihr euch keine Sorgen zu machen. Der Heidelbär fällt in den Winterschlaf, wenn es ihm zu kalt wird«, erklärte Petronella. »Aber natürlich müsst ihr ihn befreien! Je eher er zurück bei seinen Sträuchern ist, desto besser.«

»Aber wie sollen wir denn an den Kühlschrank der Brummmunds kommen?«, fragte Lea.

»Ach, euch fällt schon etwas ein!«, rief Petronella munter. »Ich würde gerne selbst kommen ... aber ich kann den Garten zurzeit nicht allein lassen.«

»Ist etwas mit den Hühnern?«

»Nein, den Hühnern geht es prächtig. Es gibt bloß ein winziges Problem mit einem Gartenzwerg.«

»Wir haben einen Zwerg im Garten?!«, riefen die Zwillinge. »Wie süß!«, quietschte Lea. »Den würde ich gerne mal sehen.«

»Na ja ... süß ist er nicht gerade. Gurkenhut ist sogar ziemlich sauer auf ihn ...«

»Seid ihr endlich fertig?«, mischte sich Erika ins Gespräch. »Ich will heute Abend noch ins Schlummerland ... Morgen wartet ein anstrengender Tag!«

»Deine Cousine drängelt«, flüsterte Lea.

»Ich habe es gehört«, sagte Petronella. »Versucht, den Heidelbären zu befreien ... und wenn es nicht klappt, dann meldet euch einfach noch mal.«

»Bis bald, Cousinchen!«, rief Erika, dann nahm sie Lea den Hörer aus der Hand und legte auf. »Es freut mich, dass ich euch helfen konnte, aber jetzt husch, husch nach Hause mit euch. Besucht mich gerne wieder … es muss ja nicht gleich morgen sein …« Und mit diesen Worten schob Erika die Zwillinge aus der Tür.

»Die hat es aber eilig«, flüsterte Lea. Dann sahen sich die Kinder suchend um. Die Milchstraßenstreusel hatten sich längst aufgelöst, und einen Weg konnten sie nirgendwo erkennen. »Wie finden wir denn jetzt wieder zurück?«, fragte Luis.

»Geht einfach immer geradeaus!«, rief Erika und schloss, zack, die Tür.

»Wie weit geradeaus?«, fragte Lea.

»Fünfundzwanzig Flohsprünge!«, kam Erikas dumpfe Stimme von drinnen.

»Fünfundzwanzig Flohsprünge? Wie weit soll das sein?«, schimpfte Luis.

»Jetzt geh schon!«, drängelte Lea und gab ihrem Bruder einen sanften Stoß.

»Achtzehn, neunzehn, zwanzig«, zählte Luis die Schritte. Und mit dem nächsten Schritt standen sie auch schon auf Erdmanns Hof. Jetzt waren es wirklich nur noch fünf Flohsprünge bis zu ihrem Ferienhaus.

»Huch! Wie kommen wir denn so plötzlich hierher?«, wunderte sich Luis.

»Das war bestimmt Zauberei«, flüsterte Lea.

Bevor die Zwillinge ins Haus gingen, schlichen sie

noch einmal zur Terrasse der Brummmunds. Es konnte ja sein, dass die Familie vergessen hatte, die Tür zu schließen.

»Alles zu«, sagte Luis enttäuscht, nachdem er vorsichtig an der Tür gerüttelt hatte. Da tippte Lea ihm auf die Schulter und deutete auf zwei Paar Gummistiefel, die auf einer Fußmatte in der Ecke standen. Rache ist Blutwurst, dachte Luis, der sofort verstanden hatte. Was für ein Glück, dass ihrem Vater seine Klassenfahrt auf den Reiterhof eingefallen war. Obwohl es schon spät war, liefen die Zwillinge über den Hof zum Pferdestall und schlüpften hinein. Gleich neben der Tür stand ein Eimer mit Pferdeäpfeln.

Lea lächelte grimmig.

»Puh, das stinkt«, beschwerte sich Luis und hielt sich die Nase zu.

»Stell dich nicht so an.« Lea schnappte sich den Eimer und marschierte los. »Und nimm die kleine Schaufel mit!«, rief sie leise über die Schulter.

Der Rest war reines Vergnügen. Luis hätte die Stiefel von Rita und Knut am liebsten bis zum Rand mit Pferdeäpfeln gefüllt. Aber Lea bremste ihn. »Nicht zu viel!«, warnte sie. »Sonst merken sie es, bevor sie reinsteigen!«

Nachdem die Stiefel gefüllt waren, brachten die

Zwillinge den Eimer zurück in den Stall. »Gibt es nicht noch jemanden dem wir ein bisschen Pferdemist in die Schuhe schieben können?«, lachte Luis. Da bogen plötzlich zwei helle Gestalten um die Ecke. Die Zwillinge bekamen einen gehörigen Schreck. Doch dann mussten sie lachen, denn wer da auf sie zukam, war niemand anderes als Frida und Fritz. Sie watschelten heran, und Frida begann sofort, an Leas Pullover zu zupfen.

»Sie riecht die Pferdeäpfel«, grinste Luis.

»Quatsch! Sie riecht natürlich das Brötchen, das ich dabeihabe.« Auf einmal wurde Leas Stimme ganz freundlich. »Was macht ihr denn noch so spät unterwegs?«, säuselte sie. »Solltet ihr nicht längst schlafen?«

Die beiden Gänse reckten den Hals und schnatterten leise. Es klang beinah, als würden sie fragen: Und du?

Lea zerkrümelte das Brötchen, und Frida und Fritz stürzten sich gierig darauf. »Jetzt ist es aber genug!«, lachte Lea, als die Gänse erneut an ihrem Pullover zupften. »Sonst werdet ihr noch zu dick!« Und mit diesen Worten lief sie schnell hinter ihrem Bruder ins Haus.

Ach du Schreck!

Petronella war sehr froh, dass sich Gambur an die Absprache hielt und nur das tat, was ihm aufgetragen wurde. Er hob zwei neue Pflanzlöcher aus, in die Petronella endlich die Apfelbaumsprösslinge setzen konnte, und streute über dem englischen Rasen eine neue Wildblumenmischung aus. Dann sägte er aus den Stämmen der Bäume dicke und dünne Bretter, aus denen die Apfelmännchen Vogelhäuschen und Wichtelschränke bauen konnten.

»Wer hätte gedacht, dass sich Gurkenhut und Gambur noch mal so gut verstehen«, sagte Petronella zu Lucius, während sie die Hühner fütterte.

Der Hirschkäfer lachte. »Du hast recht, das konnte niemand vorhersehen. Ich habe sogar gehört, wie sie Gartengeheimnisse ausgetauscht haben. Gurkenhut hat den Zwerg nach einem Päppel-Elixier für Jungpflanzen gefragt. Und Gambur wollte wissen, wie man Knallerbsen züchtet.«

Die Apfelhexe lächelte. »Ich bin sehr froh, dass alles eine gute Wendung genommen hat.«

Auch auf dem Ferienhof Erdmann waren die Zwillinge längst wach. Den ganzen Morgen schlichen sie schon um die Terrasse der Brummmunds herum und warteten darauf, dass Rita und Knut endlich aufstanden und in ihre Gummistiefel stiegen. Außerdem hofften sie auf eine Gelegenheit, den Heidelbären aus dem Kühlschrank zu befreien. Leider waren die Brummmunds ausgesprochene Langschläfer.

»Na, ihr zwei, habt ihr Lust, einen Ausflug zu machen?«, fragte Herr Kuchenbrand. »Wenn ihr mich recht freundlich bittet, wäre ich sogar bereit, meine Badehose einzupacken. In der Nähe soll es ein tolles Spaßbad geben.«

Die Zwillinge sahen sich an. Natürlich hatten sie Lust, schwimmen zu gehen. Aber wenn Rita den Heidelbären gerade in diesem Moment mit Milch zum Frühstück verspeisen würde, würden sie sich das nie verzeihen!

»Och«, sagte Luis deshalb. »Fahrt nur und planscht für uns mit. Ich habe Rudi versprochen, mit ihm Papierflieger zu bauen.«

»Und ich möchte lieber die Gänse füttern. Sie lassen sich von mir sogar schon streicheln.«

Wie zum Beweis kamen in diesem Moment Frida

und Fritz um die Ecke. Sie wollten nachsehen, ob Lea vielleicht wieder ein Brötchen für sie hatte.

Verblüfft sah Herr Kuchenbrand seine Kinder an. »Ist das euer Ernst? Ihr wollt lieber Enten streicheln und Flieger bauen, als mit eurem Vater anständige Arschbomben zu üben?«

Die Zwillinge nickten.

»Mach dir nichts draus!«, lachte ihre Mutter. »Ich gehe gern mit dir schwimmen.«

»Wenn wir wieder zu Hause sind, gehen wir auch gerne mit dir ins Spaßbad«, versicherte Lea. »Also nicht traurig sein.«

Maike Kuchenbrand hakte ihren Mann unter. »Dann machen wir zwei uns eben einen schönen Tag. Bis später, ihr beiden!«

»Bis später!«, winkten die Zwillinge.

Lea hatte gerade den letzten Brötchenkrümel an die Gänse verfüttert, als im Haus der Brummmunds ein Handy klingelte.

Die Zwillinge wirbelten herum und versteckten sich hinter der Hecke, die die Terrassen der Ferienwohnungen voneinander trennte.

»Na, das wurde aber auch Zeit. Ich habe noch nie erlebt, dass es so lange dauert, ein verflixtes Ersatzteil zu besorgen …«, tönte Herr Brummmund. »Wann ist der Wagen fertig? Morgen Früh?! Warum nicht früher …? Aha, verstehe …. Na ja. Eine Nacht werden wir es hier schon noch aushalten.« Herr Brummmund legte auf, und Lea und Luis sahen sich an.

»Wenn das Auto repariert ist, reisen sie ab«, flüsterte Lea. »Wir müssen den Heidelbär unbedingt befreien.«

»Ich könnte vorne klingeln. Vielleicht kommen alle gleichzeitig an die Tür, und du kannst über die Terrasse in die Küche flitzen«, schlug Luis vor.

In diesem Moment kam Knut auf die Terrasse geschlurft und machte es sich im Liegestuhl gemütlich.

»Der steht bestimmt nicht auf, bloß weil es an der Haustür klingelt«, meinte Lea.

»Dann frage ich ihn, ob er Lust hat, Autoquartett zu spielen. Ich lenke ihn ab und du …«

In diesem Moment stieg Rita in ihre Gummistiefel.

»Iiiiiih!!!!«, kreischte sie.

»Was ist?! Warum brüllst du hier so rum?!«, rief Knut und sprang mit einem Satz auf.

»Da ist Pferdekacke drin!« Rita wurde rot wie eine Tomate, als sie ihren Fuß aus dem Stiefel zog.

»Hau ab, du stinkst!«, schrie Knut, als Rita auf einem Bein über die Terrasse hüpfte.

»Guck lieber in deine eigenen Stiefel, bevor du hier herumbrüllst!«, giftete Rita.

Und das tat Knut. Er linste in einen Stiefel, schnupperte und schmiss das Ding in hohem Bogen von sich.

»Wer war das?!«, schrie er. »Ich mache Hackfleisch aus ihm!«

»Ich kann mir schon denken, wer das war!«, schimpfte Rita. »Wenn ich die Zwillinge erwische ...!«

Wie der Blitz rannten Lea und Luis zurück und schmissen sich in ihre Liegestühle.

»Der spielt bestimmt kein Autoquartett mit dir«, kicherte Lea.

Luis grinste. »Mit diesen Stinkstiefeln hätte ich es sowieso keine Sekunde lang ausgehalten.«

»Hast du gesehen, wie Rita über die Terrasse gehüpft ist?«, fragte Lea und musste schon wieder laut lachen.

»Klar. Und hast du gehört, wie Knut an seinem Stiefel geschnüffelt hat?« Die Zwillinge kringelten sich vor Vergnügen.

»Achtung, sie kommen!«, rief Lea plötzlich und schnappte sich ein Buch, das neben ihr auf dem Tisch lag.

Luis kniff die Augen zu und tat, als würde er schlafen.

»Gebt euch keine Mühe!«, schrie Rita wütend. »Wir wissen auch so, dass ihr das wart!«

»Ja, super witzig!«, giftete Knut.

»Ich habe keine Ahnung, wovon ihr redet!«, antwortete Lea so hochnäsig wie möglich.

»Tu doch nicht so, als wüsstet ihr von nichts. Das mit den Pferdeäpfeln gibt auf jeden Fall Rache!«, versprach Rita grimmig.

»Pferdeäpfel?«, fragte Lea, als hätte sie das Wort noch nie in ihrem Leben gehört. »Hast du eine Ahnung wovon sie redet?«

»Nö«, sagte Luis. »Und jetzt verschwindet. Ich möchte mich in Ruhe sonnen.«

»Du kriegst gleich ein paar Veilchen dazu!«, versprach Knut und schüttelte wütend die Faust.

In diesem Moment trat Frau Brummmund auf die Terrasse und rief nach ihren Kindern.

»Rita, Knut! Papa fragt, ob ihr Lust habt, mit ihm zusammen die Gänse für unsere Jubiläumsfeier zu seinem fünfzigsten Geburtstag auszusuchen, bevor wir heimfahren!«

»Glück gehabt«, zischte Knut. »Aber freut euch nicht zu früh. Wir sehen uns bestimmt wieder.« Und mit diesen Worten liefen sie davon.

»Die wären wir los«, sagte Luis zufrieden.

Doch Lea starrte ihn bloß an. »Hast du gehört, was ihre Mutter gesagt hat?«

»Irgendwas von einer Jubiläumsfeier«, meinte Luis.

»Nein, sie hat gesagt, Rita und Knut sollen mit ihrem

Vater Gänse für die Feier aussuchen. Gänse … verstehst du?«

»Was haben Gänse auf einer Jubiläumsfeier zu suchen?«, wunderte sich Luis. Doch dann sah er seine Schwester erschrocken an.

»Du meinst … Ach was, du musst nicht immer das Schlimmste annehmen … Wer denkt bei Gänsen denn gleich an Gänsebraten?«

»Die Brummmunds! Das hast du doch gerade gehört!« In Leas Hals saß plötzlich ein dicker Kloß. »Ich muss wissen, was sie vorhaben. Komm mit«, flüsterte sie.

Die Kinder sprangen auf und liefen ums Haus. »Da sind sie!«, rief Luis.

Und wirklich. Herr Brummmund stand gemeinsam mit seinen Kindern und Bauer Erdmann an der Pferdekoppel, auf der eine ganze Gänseschar fröhlich vor sich hinschnatterte.

»Suchen Sie sich zwei aus«, bot Bauer Erdmann großzügig an. »Sie haben die freie Auswahl.«

Herr Brummmund wandte sich an seine Kinder. »Was meint ihr, welche wollen wir nehmen?«

»Mir gefällt die mit dem grauen Fleck!«, rief Knut.

Rita verzog das Gesicht.

»Ihr müsst nach Gänsen gucken, an denen ordentlich was dran ist«, sagte ihr Vater.

Bauer Erdmann lachte. »Die stehen alle gut im Futter.«

»Schmecken die auch?«, fragte Rita.

»Natürlich. Sie haben hier viel frische Luft, Bewegung und bekommen als Futter die beste Sommergerste, die man sich vorstellen kann«, antwortete Bauer Erdmann stolz.

Frida und Fritz waren glücklicherweise nicht unter den Gänsen auf der Weide. Trotzdem sah sich Lea immer wieder ängstlich um. Wie schrecklich wäre es, wenn sie gerade jetzt um die Ecke kämen. »Bleibt weg … bleibt weg … bleibt weg …«, murmelte sie unablässig vor sich hin. Aber dann passierte es doch! Fröhlich schnatternd kamen Frida und Fritz über den Hof gerannt. Die beiden Gänse liefen direkt auf Lea zu. Sie wollten doch sehen, ob sie wieder ein Brötchen dabeihatte.

Lea wurde kreidebleich. »Versteckt euch!«, rief sie.

»Haut ab!«, schrie auch Luis und lief den verdutzten Gänsen armewedelnd entgegen.

Rita und Knut drehten sich um. Dann grinsten sie fies, und Rita zupfte ihren Vater am Hemd. »Wir wollen diese beiden!«, sagte sie. »Oh ja!« Knut nickte heftig.

Herr Brummmund sah die Gänse erstaunt an. »Nanu, wo kommen die denn her? Die wollten sich wohl vor uns verstecken«, gluckste er.

»Ach was«, lachte Bauer Erdmann. »Die beiden reißen immer aus!«

»Meine Kinder wollen sie, also nehme ich sie!« Herr Brummmund streckte die Hand aus, doch Bauer Erdmann zögerte. »Eigentlich sollten das unsere Martinsgänse werden«, sagte er. »Aber … versprochen ist versprochen. Sie bekommen sie!« Die beiden Männer reichten einander die Hand. »Schicken Sie sie uns gerupft und ausgenommen nach, sobald wir abgereist sind.«

Lea sagte nichts, aber ihre Unterlippe zitterte verdächtig. Da zupfte Frida sie auch schon am Kleid. »Hör doch auf!«, rief sie und lief einfach davon.

Schnell rannte Luis hinter seiner Schwester her. Sie hatte sich auf ihr Bett geworfen und weinte bitterlich. »He, hör auf zu weinen. Es nützt doch nichts«, versuchte er, sie zu trösten.

»Doch es nützt!«, schluchzte Lea.

»Sie nehmen die Gänse ja nicht sofort mit«, sagte

Luis. »Uns bleibt noch ein bisschen Zeit … Petronella fällt ganz bestimmt etwas ein!«

Lea setzte sich schniefend auf. »Du hast recht«, sagte sie und wischte sich entschlossen die Tränen aus dem Gesicht. »Wir müssen Petronella unbedingt noch einmal anrufen!«

Auf unsichtbaren Wegen

Bevor die Zwillinge Petronella anrufen konnten, mussten sie natürlich zuerst Erikas Häuschen wiederfinden. Deshalb machten sie sich sofort auf den Weg. Sie gingen gerade über den Hof, als sie hörten, wie Rita nach ihrer Mutter rief. »Mama, jetzt komm schon! Du musst dir die Gänse unbedingt angucken, die wir eben gekauft haben!«

Wie angewurzelt blieben die Kinder stehen. Frau Brummmund kam tatsächlich aus dem Haus und ließ die Tür sperrangelweit offen.

Das war die Gelegenheit. Heimlich wie die Nebelraben schlüpften Lea und Luis ins Haus.

»Beeil dich, bevor sie wiederkommen«, drängelte Lea. Die Zwillinge brauchten nur eine Sekunde, um die Küche zu finden. Luis ging schnurstracks zum Kühlschrank und nahm die Bonbondose mit dem Heidelbär heraus.

»Ist sie das?«, fragte er.

Lea nickte. »Und jetzt lass uns abhauen!«

Da kam Frau Brummmund auch schon mit langen

Schritten zurück. »Sie kommt«, zischte Luis, der sie durch das Fenster gesehen hatte.

»Wir müssen hinten raus!« Lea wirbelte herum. Sie sausten ins Wohnzimmer, öffneten die Terrassentür und rannten davon.

»Das war knapp!«, keuchte Lea und ließ sich in ihrem Zimmer aufs Bett fallen.

»Aber so was von ...«, schnaufte Luis. »Und jetzt zeig her! Ich will mir den Heidelbären schnell angucken, bevor wir losgehen. Hoffentlich geht es ihm gut.«

Lea kramte nach dem Feenstein in ihrem Rucksack. »Du öffnest die Dose, und ich gucke, ob es wirklich ein Heidelbär ist.«

Luis ließ seine Schwester nicht aus den Augen, als sie durch den Feenstein blickte. Sie sagte zwar kein Wort. Aber er sah, wie sie zuerst blass und dann rot wurde.

»Was ist?«, fragte er nervös.

»Der ist sooo ultramegasüß«, flüsterte Lea und hatte die Gänse für einen klitzekleinen Moment vergessen.

Luis verdrehte die Augen. »War ja logisch, dass du ihn süß findest. Lass mich mal gucken.« Er nahm seiner Schwester den Feenstein aus der Hand. Doch dann huschte auch über sein Gesicht ein Lächeln. In der Dose lag, zusammengerollt zwischen all den Beeren, tatsächlich ein kleiner blauer Bär. Er schnarchte ganz leise und bewegte im Traum seine Tatzen.

»Ist der nicht goldig?«, fragte Lea.

Luis nickte. »Aber was sollen wir jetzt mit ihm machen? Wir können ihn doch unmöglich mit uns herumschleppen. Und was ist, wenn er aufwacht?«

Lea dachte einen Moment angestrengt nach. »Wir stellen ihn einfach bei uns in den Kühlschrank. Dann hält er weiter Winterschlaf, und wir können in Ruhe nach Erikas Haus suchen.«

Und so wurde es gemacht. Die Zwillinge verstauten die Bonbondose mit dem schlafenden Heidelbären ganz hinten im Kühlschrank und machten sich dann schnell auf den Weg.

»Wir müssen uns genau auf dieselbe Stelle stellen, an der wir hier gestern Abend wieder aufgetaucht sind«, überlegte Luis, während sie Seite an Seite über den Hof gingen.

Lea sah sich suchend um. »Ich glaube, es war hier. Hier sind wir zurückgekommen.«

Luis nickte. »Könnte sein. Wir können ja mal hüpfen, vielleicht gibt es ein geheimes Portal, das uns zurück zu Erikas Haus bringt.«

Die Geschwister hüpften wie die Flummibälle, aber nichts passierte.

»Es funktioniert nicht«, sagte Lea enttäuscht.

»Egal, wir finden den Weg auch so«, meinte Luis. »So schwer kann es ja nicht sein.«

»Wir sind auf jeden Fall zwischen den Bäumen dahinten durchgegangen!«, meinte Lea, und sie hatte recht. Der Weg führte von dort direkt in die Heide. Die Zwillinge folgten ihm bis zu einem Holunderbusch, an dem er sich gabelte. Dort blieben sie unschlüssig stehen.

»Ich weiß nicht, gestern Abend sah alles irgendwie anders aus«, meinte Luis.

»Da sind wir auch auf der Milchstraße gelaufen.« Lea drehte sich unschlüssig im Kreis. »Und jetzt …?«

Die Zwillinge wollten gerade auslosen, auf welchem der beiden Pfade sie weitergehen sollten, als Lea etwas entdeckte. »Da oben fliegt eine Hexe!«, rief sie aufgeregt. Jeder andere hätte geglaubt, einen Storch oder etwas Ähnliches zu sehen. Doch die Kinder wussten es besser. Hoch über ihnen ritt tatsächlich eine Hexe auf ihrem Besen.

»Erika! Erika!«, riefen sie und wedelten wie wild mit den Armen. Aber die Hexe flog viel zu hoch und viel zu schnell.

»Sie hat uns nicht gesehen«, schimpfte Luis enttäuscht.

»Wir versuchen es heute Abend noch einmal«, meinte Lea. »Bis dahin ist sie bestimmt wieder zurück, und vielleicht finden wir ja doch noch ein paar Milchstraßenkrümel.«

Mit hängenden Köpfen trotteten die Zwillinge zum Ferienhof zurück.

»Was ist denn da los?!« Luis stieß seine Schwester an.

Rita und Knut hatten Frida und Fritz in ein winziges Gehege gesperrt, aus dem sie nicht entkommen konnten. Aufgeregt schnatternd watschelten die Gänse im Kreis.

Empört gingen die Zwillinge zu ihnen. »Was soll das?«, fragte Luis wütend.

»Das geht dich gar nichts an«, knurrte Knut.

»Wir können machen, was wir wollen. Das sind unsere Gänse«, verkündete Rita.

»Ihr seid so blöd …«, zischte Lea.

»Und ihr seid bloß neidisch!«, riefen Rita und Knut.

Da rollte das Auto der Kuchenbrands auf den Hof. »Hallo, Kinder!«, rief ihre Mutter, die am Steuer saß, und winkte ihnen zu.

Nur widerwillig ließen die Zwillinge Rita und Knut stehen und liefen hinter dem Auto ihrer Eltern her.

»War's schön?«, fragte Lea missmutig.

»Ja, das Schwimmbad ist toll. Aber ich fürchte, euer Vater hat einen tüchtigen Sonnenbrand.«

»Das kannst du laut sagen«, stöhnte Herr Kuchenbrand und stieg aus dem Auto. »Und … war bei euch alles okay?«

»Nein!«, sagte Lea. »Stellt euch vor … die Brummmunds haben Frida und Fritz gekauft …!«

»Sie haben das Federvieh gekauft?«, wunderte sich Herr Kuchenbrand. »Was wollen sie denn damit?«

»Aus den beiden soll Gänsebraten werden«, erklärte Lea mit bebender Stimme.

»Gänsebraten!?« Herr Kuchenbrand schien damit kein Problem zu haben. Seine Frau stieß ihn an. »Ach so … na ja …«, murmelte er dann.

»Es ist so gemein …!« Leas Lippe fing schon wieder an zu zittern.

Ihre Mutter nahm sie fest in die Arme.

»Haben Sie zufällig die Brummmunds gesehen?« Bauer Erdmann kam über den Hof. »Ihr Wagen ist früher fertig geworden.«

»Das wird sie sicher freuen«, antwortete Herr Kuchenbrand.

»Und uns erst«, murmelte Luis. Lea nickte.

»Gesehen habe ich sie allerdings nicht. Ihr vielleicht?« Herr Kuchenbrand sah seine Kinder fragend an.

»Vorhin waren sie dahinten und haben die Gänse eingesperrt«, grollte Lea.

Herr Erdmann tippte sich an die Mütze. »Dann will ich mich da mal umsehen.«

Und während ihre Eltern ins Ferienhaus gingen, setzten sich Lea und Luis auf die Stufen davor und spielten niedergeschlagen mit der schwarzweißen Katze, die gerade vorbeikam.

»Ich bin so froh, wenn die Stinkstiefel endlich verduften!«, sagte Lea, während sie einen Strohhalm über den Boden bewegte und Mausi versuchte, ihn zu fangen.

»Sobald sie weg sind, werden wir Frida und Fritz befreien«, sagte Luis entschlossen.

»Und dann schmuggeln wir sie in unser Auto, wenn wir nach Hause fahren«, sagte Lea eifrig.

Luis schüttelte den Kopf. »Das wird nicht gehen. Wir haben so viel Gepäck, da passen keine Gänse mehr rein, ohne dass Mama und Papa es merken.«

In diesem Moment kamen Bauer Erdmann und Herr Brummmund über den Hof. »Das ist ja großartig, dann können wir uns gleich auf den Heimweg machen!«, rief Herr Brummmund. »Da werden sich meine Frau und die Kinder aber freuen! Ehrlich gesagt wurde ihnen schon langweilig.« Er verabschiedete sich und eilte ins Haus, um seiner Familie die frohe Botschaft zu überbringen.

»Endlich! Juhuu!«, jubelten die Brummmünder und kamen alle zusammen aus dem Haus.

»Wir freuen uns auch!«, rief Luis ihnen zu. Und während Frau Brummmund freundlich lächelte, kniff Rita die Augen zu schmalen Schlitzen zusammen und starrte die Zwillinge böse an. Dann lächelte sie zuckersüß und zupfte ihren Vater am Hemd. »Können wir die Gänse nicht gleich heute mitnehmen?«, fragte sie.

»Unsinn«, antwortete Herr Brummmund. »Wo sollen wir die denn verstauen?«

»Doch, bitte, Papi! Bitte, bitte, bitte!«, bettelte Rita.

»Ja, vielleicht vertauschen sie sie, wenn wir weg sind. Und dann kriegen wir zwei ganz mickrige Gänse«, sprang Knut seiner Schwester bei. »Herr Erdmann hat doch gesagt, dass er sie am liebsten selbst behalten hätte.«

Man konnte deutlich sehen, wie es hinter Herrn Brummmunds Stirn arbeitete. »Ach was. Das ist doch ein ehrlicher Mann«, meinte er dann.

»Ach, Männo!« Rita stampfte beleidigt mit dem Fuß auf und streckte den Zwillingen die Zunge raus.

Lea und Luis fiel ein Stein vom Herzen. Nicht auszudenken, wenn die Brummmünder Frida und Fritz gleich heute mitgenommen hätten.

Telepathie

In der Ferienwohnung der Brummmunds summte es wie in einem Bienenstock. Zwischendurch hörte man immer wieder Ritas und Knuts aufgeregte Stimmen.

Während ihre Nachbarn alles zusammenpackten, saßen die Zwillinge auf der Terrasse und zerbrachen sich den Kopf, wie sie Frida und Fritz auch ohne Petronellas Hilfe retten konnten.Lea sah ihren Bruder düster an. »Wenn es sein muss, klaue ich die beiden ganz einfach. Ich werde nicht zulassen, dass Frida und Fritz als Gänsebraten enden!«

Da hörten sie auf einmal Ritas wütende Stimme. »Wo ist meine Bonbondose mit den Heidelbeeren?! Hast du sie etwa aufgefuttert?«, schrie sie.

»Ich?! Spinnst du?«, brüllte Knut zurück. »Ich habe deine dämlichen Heidelbeeren nicht angerührt!«

»Ich will die Beeren essen, bevor wir losfahren! Und zwar jetzt. Auf der Stelle!«

»Bist du sicher, dass du sie in den Kühlschrank gestellt hast?«, fragte ihre Mutter.

»Natürlich bin ich sicher!«, schimpfte Rita.

Lea und Luis grinsten. Wenigstens das hatte geklappt!

Vor dem Haus hupte es. »Das Auto ist da. Bringt alles raus und stellt eure Taschen in den Kofferraum!«, rief Herr Brummmund.

Lea und Luis wollten die Abreise der Brummmunds unter keinen Umständen verpassen. Sie liefen ums Haus und beobachteten stumm, wie die Familie alles verstaute und Rita und Knut auf die Rücksitze kletterten. Dann ließ Herr Brummmund den Motor an. Rita und Knut öffneten sofort die Autofenster und lehnten sich weit heraus, um den Zwillingen Grimassen zu schneiden.

»Warte kurz, ich bin gleich zurück!«, rief Luis und flitzte ins Haus..

Lea schnitt währenddessen Grimassen zurück. Sie hatte das mit Ann-Kathrin geübt, als ihnen eines Nachmittags langweilig war. Und jetzt war sie eine tolle Grimassenschneiderin!

Als Luis wiederkam, lief er dem Wagen der Brummmunds ein Stück hinterher und holte schließlich Ritas Bonbondose hinter seinem Rücken hervor. Grinsend hielt er sie in die Höhe, sodass sie in der Sonne blitzte.

»Meine Dose!«, kreischte Rita empört. »Papa, halt sofort an!«

Aber Herr Brummmund dachte nicht daran. »Setzt euch sofort hin und schnallt euch an!«, blaffte er. Rita und Knut gehorchten zähneknirschend.

»Spinnst du?«, schimpfte auch Lea mit ihrem Bruder. »Was hättest du gemacht, wenn sie angehalten hätten?«

Luis zuckte mit den Schultern. »Dann hätte ich gesagt, dass es meine Dose ist.«

Seine Schwester verdrehte die Augen. »Hast du den Heidelbären auch nicht geweckt?«

Luis linste ganz vorsichtig in die Bonbondose. »Nein, es ist alles ruhig. Ich bin so froh, dass wir ihn retten konnten. Nicht auszudenken, wenn Rita ihn einfach verputzt hätte!«

Lea seufzte. Der Urlaub hatte so schön angefangen, und jetzt gab es so viele Probleme, die sie lösen mussten. Die größten Sorgen machte sie sich allerdings wegen Frida und Fritz. Die beiden Schnattergänse saßen in ihrem engen Verschlag und wussten nicht, dass sie schon bald als Gänsebraten auf dem Tisch der Brummmunds landen sollten.

Den ganzen Nachmittag schlichen die Geschwister um die beiden Gänse herum. Die konnten überhaupt nicht verstehen, warum sie nicht weiter vergnügt durch die Gegend watscheln durften. Immer wieder schlugen sie protestierend mit den Flügeln und schnatterten, was ihre Schnäbel hergaben.

Lea und Luis hätten sie so gerne befreit. Dummerweise war Bauer Erdmann gerade damit beschäftigt, den Trecker auf dem Hof zu reparieren, und deshalb immer in der Nähe.

Den Zwillingen blieb also nichts anderes übrig, als zu warten, bis er endlich fertig wurde. Und das dauerte. Zwischendurch fragte Rudi sie, ob sie Lust hätten, mit ihm schwimmen zu gehen. Lust hatten sie schon. Trotzdem schüttelten sie bloß den Kopf.

Es wurde Abend, bis Herr Erdmann mit der Reparatur fertig wurde. Pfeifend wischte er sich die öligen Hände an einem Handtuch ab und spazierte ohne Eile rüber ins Haus.

Die Zwillinge sprangen sofort von der Treppe auf und rannten über den Hof, um die Gänse zu befreien. Da hörten sie das Klappern von Pferdehufen, und die ersten Gespanne kehrten zurück.

»So ein Mist, dass wir den Weg zu Erika nicht mehr finden!«, schimpfte Luis. »Warum hast du auch alle Milchstraßenstreusel auf einmal ausgekippt?«

»Hab ich nicht!«, verteidigte sich Lea. »Sie sind einfach aus der Tüte gehüpft. Und zwar ohne mich zu fragen!«

»Den Heidelbären nehmen wir jedenfalls mit, wenn wir nach Hause fahren«, überlegte Luis. »Wir können ihn schließlich nicht im Kühlschrank lassen.«

Lea nickte. »Und heute Nacht lassen wir Frida und Fritz frei«, sagte sie. »Dann können sie abhauen!«

Luis verzog das Gesicht. »Die hauen nicht ab. Sie wissen ja nicht, dass sie in Rita Brummmunds Magen landen sollen.«

Betrübt starrten die Zwillinge vor sich hin.

»Was nützt eine Apfelhexe, wenn sie nie da ist!«, brauste Luis plötzlich auf.

»Petronella weiß doch gar nicht, dass wir sie brauchen«, nahm Lea ihre Freundin in Schutz.

Plötzlich hellte sich Luis' Gesicht auf. »Ich hab's! Ich versuche es mit Telepathie!«

Seine Schwester sah ihn zweifelnd an. »Und wie soll das gehen?«

»Ganz einfach. Ich schicke Petronella meine Gedanken!« Und schon setzte Luis sich im Schneidersitz auf den Boden.

Lea sah ihn gespannt an. »Und was denkst du?«

»Pst«, zischte Luis und schloss die Augen.

Lea war ganz still und wartete. Luis dachte und dachte und dachte.

»Du brauchst ihr ja nicht alle Gedanken auf einmal zu schicken«, flüsterte Lea nach einer Weile. »Es reicht, wenn du sie bittest herzukommen.«

Luis öffnete genervt die Augen. »Denk doch selber, wenn du alles besser weißt. Wenn die Telepathie nicht geklappt hat, hast du Schuld!«

»Hab ich nicht!«, protestierte Lea.

»Kinder!« Ihre Mutter öffnete die Tür und wäre beinah über die Zwillinge gestolpert. »Wir wollen zu Abend essen!«

Mit mürrischen Gesichtern kamen die Geschwister rein und setzten sich an den Tisch. Es gab Tomaten, frisches Schwarzbrot und selbstgemachten Ziegenkäse aus dem Hofladen. Trotzdem wollte es ihnen einfach nicht schmecken.

»Was ist das eigentlich für eine Dose, die da im Kühlschrank steht?«, erkundigte sich Frau Kuchenbrand.

Lea und Luis tauschten einen kurzen Blick. »Da … da sind Heidelbeeren drin«, sagte Luis.

»Die müsst ihr aber schnell aufessen. Heidelbeeren halten selbst im Kühlschrank nicht lange.«

»Dieser schon«, murmelte Lea so leise, dass nur Luis sie verstand.

»Ich habe Joghurt zum Nachtisch.« Ihre Mutter lächelte. »Ich wette, er schmeckt mit Heidelbeeren doppelt so gut.«

»Lieber nicht!«, platzte Lea heraus. »Ich meine … nicht heute Abend … morgen Früh vielleicht.«

In diesem Moment brummte es laut vor dem offenen Fenster.

»Seht euch mal diesen dicken Kerl an!«, lachte ihr Vater und deutete auf den Käfer, der davor hin und her taumelte. »Hier ist die Flora und Fauna eben eine ganz andere …«

»Macht das Fenster zu, bevor er reinkommt!«, rief Frau Kuchenbrand. Doch da war der Käfer auch schon im Haus. Er surrte durch alle Räume, umkreiste die Lampe und landete dann direkt auf Leas Kopf.

»Huch!«, rief ihre Mutter erschrocken.

»Bleib ganz ruhig! Ich werde ihn mit einem Glas einfangen!«, sagte Herr Kuchenbrand und stand auf.

Lea lächelte selig.

»Ich glaube nicht, dass du ihn einfangen musst!«, meinte Luis. »Lea bringt ihn einfach nach draußen, und ich … ich helfe ihr dabei!«

Wie eine Königin schritt Lea zur Tür.

»Das ist meine Tochter!«, rief Herr Kuchenbrand begeistert. »Sie hat überhaupt keine Angst.«

»Die haben wir gut hingekriegt«, lachte Frau Kuchenbrand. »Aber setz den Käfer nicht direkt vor die Tür, sonst ist er gleich wieder drin.«

Sowie Lea und Luis draußen waren, flog der Käfer auf.

»Lucius!«, riefen die Zwillinge voller Freude. »Wie kommst du denn hierher?«

»Auf dem Besen!«, summte der Käfer und flog munter um ihre Köpfe herum.

»Dann ist Petronella auch hier?«

»Natürlich!«

»Wo ist sie denn? Wir müssen sie unbedingt sprechen!«

»Ich bringe euch zu ihr!«, summte der Käfer und flog auch schon über die Wiese davon.

Petronella erwartete sie am Ende der Pferdekoppel. Sie saß auf dem Zaun und schlenkerte mit den Beinen. »Hallo, ihr Kröten!«, rief sie vergnügt, als die Zwillinge angerannt kamen.

»Petronella! Petronella!«, riefen die beiden schon von

Weitem und ließen sich vor der kleinen Hexe ins Gras fallen.

»Wie gut, dass du endlich da bist!«, japste Lea glücklich.

»Dann hat meine Telepathie also funktioniert«, grinste Luis und sah seine Schwester triumphierend an.

»Du hast telepathiert?«, fragte Petronella.

Luis nickte stolz. »Das weißt du doch. Sonst wärst du wohl kaum hier.«

»Na ja, ich habe einen Anruf von meiner Cousine bekommen. Sie hat euch gesehen, als sie mit dem Besen unterwegs war, und dachte, dass ihr vielleicht Hilfe gebrauchen könntet.«

Luis war schwer enttäuscht. »Und du hast gar nichts von meinen Gedanken gespürt? Nicht das kleinste bisschen?«

Petronella sah ihn an. »Ich … ähm … oh ja … Also wenn ich richtig darüber nachdenke, habe ich so ein seltsames Kribbeln im kleinen Zeh gespürt«, sagte sie. »Du musst einfach noch ein wenig üben. Irgendwann kommen deine Gedanken dann auch in meinem Kopf an.«

Jetzt war Luis wenigstens ein bisschen zufrieden.

»Es war sehr nett von Erika, dir Bescheid zu sagen«, meinte Lea.

»Noch netter wäre es gewesen, wenn sie uns auch Bescheid gesagt hätte. Dann hätten wir uns nicht so viele Sorgen gemacht«, fand Luis.

»Ich bin so froh, dass du da bist«, seufzte Lea. »Es gibt nämlich nicht nur einen Heidelbären, den wir retten müssen, sondern auch zwei Schnattergänse.«

»So? Na dann schießt mal los!«, rief die kleine Hexe gespannt. Und die Kinder erzählten ihr alles von Anfang an.

»Der Heidelbär ist supersüß«, schwärmte Lea. »Wir haben ihn vorhin aus dem Kühlschrank der Brummmunds gerettet ...«

»Und wo ist er jetzt?«

»In unserem eigenen Kühlschrank«, sagte Luis.

Petronella runzelte die Stirn.

»Wir wussten nicht, was wir sonst mit ihm machen sollten«, erzählte Lea. »Und da haben wir gedacht, es wäre am besten, wenn er noch etwas Winterschlaf hält.«

Die Apfelhexe hüpfte vom Zaun. »Ihr habt richtig gehandelt«, lobte sie. »Aber jetzt bringen wir ihn zu seinen Heidelbeeren zurück.«

»Mit dem Besen?«

»Mit dem Besen!«, lachte die Apfelhexe.

»Jippie!«, jubelten die Zwillinge. Sie waren inzwischen ganz passable Besenreiter, auch wenn Petronella noch immer auf die Kindersitze bestand.

»Und was ist mit den Gänsen?«, fragte Lea.

»Eins nach dem anderen«, antwortete Petronella. »Zuerst ist der Heidelbär an der Reihe. Da weiß ich genau, was zu tun ist. Für die Gänse muss erst noch eine Lösung gefunden werden. Aber das wird schon. Ich werde mich nachher mal mit ihnen unterhalten.«

»Oh ja!«, riefen die Zwillinge erleichtert und strahlten wie zwei Honigkuchenpferdchen.

Mission Heidelbär

Lea und Luis fiel ein riesiger Stein vom Herzen. Endlich war Petronella da, um ihnen zu helfen. Sie brauchten nur noch den Heidelbären aus dem Kühlschrank zu holen, den Rest konnten sie getrost der Apfelhexe überlassen.

»Na, seid ihr den dicken Käfer losgeworden?«, erkundigte sich ihr Vater, während er mit einem Auge Fernsehen guckte.

Die Zwillinge nickten und blieben mitten im Raum stehen. Ihre Mutter hatte es sich mit einem Buch auf dem Sofa bequem gemacht. »Ist was?«, erkundigte sie sich nach einer Weile.

»Nö!«, sagte Luis und gähnte herzhaft. »Heideluft macht ganz schön müde, findet ihr nicht?«

»Warum gehst du nicht einfach schlafen?«, schlug seine Mutter vor.

»Halb so schlimm«, winkte Luis ab. »Ich dachte eher an euch!«

»Sehr freundlich, aber ich bleibe noch eine Weile auf«, erwiderte sein Vater. »Mein Sonnenbrand lässt mich vermutlich sowieso keinen Schlaf finden.«

Die Kinder sahen sich an. »Dürfen wir noch eine Weile raus?«, fragte Lea.

»Ist doch Urlaub, und wir fahren schon sooo bald nach Hause«, kam Luis ihr zu Hilfe.

»Na gut.« Ihre Mutter sah sie über den Rand ihres Buches freundlich an.

»Super, und vorher essen wir noch die Heidelbeeren auf.« Luis zwinkerte seiner Schwester listig zu.

»Wir essen sie draußen!« Lea stieß ihren Bruder an.

»Tut das«, brummte ihr Vater.

»Puh, das ging leichter als gedacht!«, strahlte Luis, als sie wieder draußen waren. Die Dose hielt er fest in der Hand. »Aber wo ist Petronella?«

»Ich bin hier!«, rief die Apfelhexe. Sie saß auf dem Dach des Ferienhauses und winkte den Kindern vergnügt zu.

»Ich warte auf euch hinter der Pferdekoppel.« Und mit diesen Worten stieg sie auf ihren Besen und flog davon.

So schnell sie konnten, rannten Lea und Luis hinterher. Als sie am Ende der Koppel ankamen, hatte Petronella ihren Besen bereits verlängert und zwei Kindersitze darauf montiert.

»Dann zeigt den kleinen Langschläfer mal her«, verlangte Petronella.

Luis reichte ihr die Dose, und die kleine Hexe schaute vorsichtig hinein. »Das ist wirklich ein echter Heidelbär«, staunte sie. »Es gibt sie nicht mehr allzu oft.« Sie schob die Bonbondose in ihre Rocktasche. »Am besten wecken wir ihn erst, wenn wir an Ort und Stelle sind. Man sieht es ihm zwar nicht an, aber so ein Heidelbär hat Bärenkräfte, und ich möchte nicht, dass es zu Missverständnissen kommt. Also steigt in eure Sitze und schnallt euch an!«

Die Apfelhexe stieg hinter ihnen auf den Besen und Lucius verkroch sich im Reisig. »Nach oben hinaus, und nirgends an!«, rief Petronella. Und schon ging es los. Wie ein Fahrstuhl sauste der Besen in die Höhe. »Zu den Blaubeersträuchern des Heidelbären!«, verlangte sie.

Der Besen richtete sich aus wie eine Kompassnadel und zischte auch schon los.

Es war ein atemberaubendes Gefühl, auf einem Hexenbesen zu fliegen. Die Welt unter ihnen wurde kleiner und kleiner. »Da unten ist Erikas Haus!«, rief Petronella und zeigte auf ein schimmerndes, schiefes Etwas inmitten der dunklen Heidelandschaft.

»Warum haben wir es eigentlich nicht wiedergefunden?«, rief Lea gegen den Wind.

»Weil es durch Magie vor neugierigen Blicken geschützt ist«, erklärte Petronella.

Weiter und weiter flogen sie über die Landschaft, bis der Besen auf einmal anfing, wie ein Bussard über dem Wald zu kreisen.

»Hier muss es sein«, vermutete Petronella.

»Ja, da unten ist die Bank, auf der Papa gesessen hat!«, rief Luis.

»Alles festhalten!«, kommandierte die Hexe und drückte den Besen in den Sturzflug. Es ging so steil nach unten, dass Lea erschrocken aufschrie. Eine Fahrt in der Achterbahn war nichts dagegen. Trotzdem landete der Besen sicher zwischen den Heidelbeersträuchern.

»Was meint ihr, sind wir hier richtig?«, fragte die Apfelhexe.

Lea und Luis sahen sich um. »Ja, hier ist es«, sagten sie. »Da steht die Bank, und hier sind sogar noch die Abdrücke der Pferdehufe zu sehen.«

Petronella runzelte die Stirn. »Kommen die Fuhrwerke regelmäßig hierher?«

Die Zwillinge nickten.

»Dann wurde der Heidelbär nicht das erste Mal gestört«, überlegte die Hexe.

»Ich fürchte auch«, seufzte Lea. »Aber das lässt sich wohl nicht ändern.«

»Vielleicht doch«, lächelte die Apfelhexe. »Aber zuerst bringen wir den kleinen Kerl zu seinen Heidelbeeren zurück.«

Die Zwillinge suchten nach einer besonders hübschen Stelle zwischen den Sträuchern. Dann öffnete Petronella die Bonbondose und stellte sie behutsam auf den Boden.

»Schläft er noch?«, fragte Luis. Denn ohne Feenstein konnten die Kinder den Bären leider nicht sehen.

Petronella nickte. »Aber nicht mehr lange. Wartet nur ab.« Sie zückte ihren Zauberstab und blies ganz vorsichtig etwas Hexenatem darüber. Sofort fing seine Spitze an zu glühen und verbreitete eine wohltuende Wärme.

Gespannt starrten die Kinder in die Dose.

Petronella holte noch einmal Luft und blies ihren Atem auch über den Bären. Sofort wurde er für die Augen der Zwillinge sichtbar. Der kleine Kerl bewegte seine Tatzen und öffnete die Augen. Dann gähnte er wie ein Löwe und setzte sich schließlich auf. Die Kinder hörten ihn leise brummen, als er sich in seinem Gefängnis umsah. Jetzt stellte sich der Heidelbär auf die

Hinterbeine und versuchte, über den Rand der Dose zu klettern. Doch das war gar nicht so einfach. Seine Hinterbeine rutschten immer wieder ab und strampelten hilflos in der Luft.

»Wie süüüß«, quietschte Lea leise, und auch Luis lachte.

»Na los, wollt ihr ihm denn nicht helfen?«, lächelte Petronella.

»Darf man ihn denn anfassen?«, fragte Lea.

Petronella schüttelte den Kopf. »Das könnte ihn

beleidigen. Aber für eine kleine Hilfestellung wäre er sicher dankbar.«

Also schob Lea ganz vorsichtig ihren Zeigefinger unter die Füße des Heidelbären und half ihm ganz sanft über den Rand der Bonbondose. Es machte »plumps!«, und im nächsten Moment war der Bärenkönig zwischen den Heidelbeersträuchern verschwunden.

»Wo ist er denn hin?«, fragte Luis verblüfft.

»Er ist wieder zu Hause«, sagte die Apfelhexe und lächelte zufrieden.

»Schade, dass wir ihn nicht länger beobachten konnten«, bedauerte Lea. Sie wollten gerade zurück zum Besen gehen, der knapp über dem Boden schwebend auf sie wartete, als Petronella sie zurückhielt.

»Wartet noch einen Moment! Bevor wir uns auf den Heimweg machen, habe ich noch eine Kleinigkeit zu erledigen!« Die Apfelhexe hielt ihren Zauberstab wie einen Degen vor ihr Gesicht und fing an, sich zu drehen.

»Hokuspokus, immer schneller,
Blättersturm und Mäusekeller,
Drachenschuppe, Feenhaar,
die Heidelbeer'n mach unsichtbar!
Hex Höx!«

Sowie Petronella den Zauberspruch gesprochen hatte, fingen die Heidelbeersträucher an, sich aufzulösen, und waren nicht mehr zu sehen.

»Bist du sicher, dass sie nicht weg sind?«, fragte Luis besorgt.

Petronella nickte. »Ganz sicher. Wenn ihr euren Feenstein dabeihättet, könntet ihr sie sehen.«

»Ab jetzt wird der Heidelbär hoffentlich seine Ruhe haben«, meinte Lea.

»Ganz bestimmt!«, antwortete Petronella.

Die Gänseflüsterin

Petronella setzte die Kinder gerade wohlbehalten im Hof ab, als sie es auch schon schnattern hörten.

»Das sind Frida und Fritz«, erklärte Lea. »Sollen wir sie dir zeigen?«

»Selbstverständlich«, antwortete Petronella und schnipste mit den Fingern. Sofort schrumpfte der Besen auf seine normale Größe.

»Sie sind dahinten, in dem winzigen Verschlag. Und morgen sollen sie zu den Brummmunds gebracht werden«, erzählte Luis.

Petronella schulterte ihren Besen und trat an den kleinen Verschlag mit dem winzigen Auslauf. Sofort fing Fritz, der Ganter, an zu zischen. Mit ausgestrecktem Hals ging er auf Petronella los.

»Schnatt!«, sagte Petronella. Mehr nicht.

Die Gänse staunten. »Chchchchch!«, zischte Fritz zur Probe noch einmal.

»Schnatt!«, antwortete Petronella geduldig.

Die Gänse sahen sich an. »Schnatteratt?«, versuchte es Frida vorsichtig.

»Schnatteratt!«, antwortete Petronella.

Die Zwillinge staunten. Sie sprachen die Gänsesprache natürlich nicht und verstanden kein Wort.

»Schnattertattschnattschnatt!«, rief Frida erleichtert.

Es folgte ein eifriges Schnattern, wie es die Zwillinge noch nie gehört hatten. Dann wandte sich die kleine Hexe an die Kinder. »So, wir haben alles Notwendige besprochen. Frida und Fritz kann geholfen werden.«

»Was habt ihr denn besprochen?«, fragte Lea gespannt.

»Das erfahrt ihr morgen Früh«, antwortete Petronella geheimnisvoll. »Es ist schon spät, und ich möchte noch meine Cousine besuchen. Sie hat mir ein Bett für die Nacht angeboten. Außerdem brauchen Frida und Fritz noch eine kurze Bedenkzeit.«

»Hast du ihnen erzählt, was mit ihnen geschieht, wenn sie erst bei den Brummmunds sind?«

»Natürlich«, beruhigte sie Petronella. »Ihr braucht euch keine Sorgen zu machen. Gleich morgen Früh, wenn die Sonne aufgegangen ist, werde ich sie retten. Großes Hexenehrenwort!« Und mit diesen Worten stieg Petronella auf ihren Besen und sauste davon.

»Ich bin so froh, dass Petronella jetzt da ist!«, seufzte Lea, als sie kurz darauf gemütlich in ihren Betten lagen.

»Eigentlich fängt unser Urlaub erst jetzt so richtig an«, meinte Luis. »Schade, dass wir schon so bald nach Hause fahren!«

Lea kicherte. »Stimmt! Aber ich bin trotzdem froh, dass wir den Heidelbären und die zwei Schnattergänse gerettet haben. Ich möchte bloß wissen, was Petronella mit ihnen vorhat.«

»Das würde ich auch gerne wissen«, murmelte Luis.

Während die Kinder müde in ihren Betten lagen, amüsierte sich Petronella ganz ausgezeichnet. Sie hatte ihre Cousine lange nicht mehr gesehen, und es gab ungeheuer viel zu erzählen. Erika war eine waschechte Heidehexe, der das Wohl der Tiere ganz besonders am Herzen lag. Statt auf einem Besen zu reiten, fuhr sie nachts in einem kleinen Leiterwagen über den Himmel, der von zwei Heidschnucken gezogen wurde. Sie wachte über Fuchs und Hase, Kreuzotter und Moorfrosch und alle anderen Tiere, die in der Heide lebten.

»Die Kinder waren sehr erstaunt, als sie hörten, dass du sie vom Besen aus erkannt hast«, erzählte Petronella.

»Kann ich mir vorstellen«, lachte die Heidehexe. »Ich hatte es heute Vormittag sehr eilig. Wäre ich nicht auf dem Besen, sondern in meinem Leiterwagen unter-

wegs gewesen, hätte ich sie glatt ein Stück mitgenommen. Ich war auf dem Weg nach Kerbelhaus, dort hat man einer Biberfamilie das Wasser abgegraben.« Sie seufzte. »Leider kann ich nicht überall sein, dabei gibt es so viel zu tun! Im Nachbarort ist zum Beispiel ein Bürgermeister, der nichts mehr liebt, als Hirsche zu schießen!«

»Hast du ihm schon einen anständigen Spuk geschickt?«, fragte Petronella grimmig.

»Das nicht, meine Liebe. Aber zur Weihnachtszeit habe ich ihm einen Sack voller Lebkuchenmänner vor seine Schlafzimmertür gestellt. Ich habe ihnen erzählt, dass der Bürgermeister nicht nur Hirsche, sondern auch Rentiere jagt«, lachte Erika. »Stimmt ja auch fast. Rentiere gehören schließlich auch zur Familie der Hirsche.«

»Und dann?«, fragte Petronella gespannt.

»Dann habe ich die Lebkuchenmänner mit Kuchengabeln ausgerüstet und zum Bürgermeister ins Zimmer geschickt. Du hättest sehen sollen, wie er in seinem Bett herumhüpfte, als sich die zornigen Männchen auf ihn stürzten!«

Die beiden Hexen lachten, bis ihnen die Tränen kamen. »Das hast du sehr gut gemacht, meine Beste!«, lobte Petronella. »Es ist herrlich, hier mit dir zu sitzen und zu schwatzen. Wir sollten das unbedingt öfter machen.«

»Von mir aus gern.« Erika war aufgestanden und reckte sich. »Ich könnte noch etwas frische Luft gebrauchen, ehe ich zu Bett gehe. Hast du Lust, eine Runde mit Mäh und Möh über die Heide zu fliegen?«

Und ob Petronella Lust hatte! Sie befürchtete allerdings, dass es mit zwei Hexen in dem kleinen Wagen recht eng werden würde.

»Ach was, wir sind doch schlank«, meinte Erika augenzwinkernd.

»He, hast du etwa meine Gedanken gelesen?«, rief Petronella.

»Du kennst mich doch«, entgegnete Erika und lachte laut.

Es war ein herrlicher Abend, den die beiden Hexen miteinander verbrachten. Und als Petronella endlich ins Bett fiel, wurde es beinah schon wieder hell.

»Wach auf, du Schlafmütze!«, summte Lucius allzu bald und zwickte Petronella mit seinen Kneifzangen in die Nase.

»Was soll das?«, brummte die Apfelhexe und drehte sich auf die andere Seite. Doch davon wollte der Hirschkäfer nichts wissen. »Wer kräftig feiern kann, kann auch kräftig arbeiten!«, fand er.

»Ich habe nicht kräftig gefeiert«, protestierte Petronella und setzte sich auf. »Wo ist Erika?«

»Schläft!«, antwortete Lucius. »Aber die Kinder werden sicher schon auf uns warten.«

Petronella seufzte. »Gib mir fünf Minuten.«

Sie sprang aus dem Bett, zog sich an, putzte die Zähne und ließ Erikas magischen Füller, der bis eben auf dem Schreibtisch gedöst hatte, einen freundlichen Abschiedsbrief schreiben. Den Brief klebte sie mit Spinnweben über dem Bett ihrer Cousine fest, und dann konnte es losgehen.

Lea und Luis waren natürlich längst aufgestanden. Sowie der erste Vogel anfing zu zwitschern wachten sie auf und zogen sich an. Lea stibitzte ein Brötchen aus der Brötchentüte, die schon in aller Frühe an der Tür hing, und dann rannten sie auch schon über den Hof, um nach Petronella Ausschau zu halten.

»Schnatt, schnatt, schnatt!«, machte Lea, als sie sich dem Gatter näherten. Sofort reckten ihnen die Gänse ihre Schnäbel entgegen. »Macht euch keine Sorgen. Alles wird gut«, versprach Lea mit leiser Stimme.

»Ihr werdet nicht als Braten auf den Tellern der Brummmunds landen«, sagte Luis zufrieden.

Beim Wort Braten fingen Frida und Fritz nervös an zu schnattern.

»Pst!« Lea fütterte sie hastig mit ein paar Brotkrumen. »Ihr braucht wirklich keine Angst zu haben. Petronella meint es gut mit euch.« Sie streichelte Fridas Kopf, was die sich unter leisem Protest gefallen ließ.

»Wo Petronella nur bleibt?« Luis sah sich suchend um. Die Sonne war bereits hinter dem Schafstall aufgegangen, und es konnte nicht mehr lange dauern, bis der gesamte Hof zum Leben erwachte.

In diesem Moment sauste die Apfelhexe auf ihrem Besen heran und landete direkt neben den Zwillingen.

»Tut mir leid, ich habe verschlafen. Aber jetzt kann es gleich losgehen!«, rief sie und sprang vom Besen.

»Lasst mich nur noch kurz mit den Gänsen reden. Ich will hören, wie sie sich entschieden haben.«

Genau wie am Abend zuvor schnatterten alle drei lautstark durcheinander. Dann drehte sich Petronella zu den Kindern um. »Das wäre geklärt!«, sagte sie.

»Und …?«, fragten Lea und Luis gespannt.

Die Apfelhexe lächelte geheimnisvoll.

»Mach's nicht so spannend!«, drängelte Lea, die es vor lauter Neugierde kaum noch aushielt.

»Ja, sag schon!«, rief Luis.

»Ich habe die beiden gefragt, ob sie sich vorstellen könnten, in den Müllergarten zu ziehen«, antwortete Petronella. »Wir haben genügend Platz, und einen Mühlteich haben wir auch. Gänse sind ganz fantastische Wächter … Sollte es Herrn Kümmerling oder einer anderen finsteren Gestalt jemals einfallen, uns ungebeten zu besuchen, werden Frida und Fritz einen solchen Rabatz machen, dass das gesamte Müllerhaus kopfsteht.«

Lea und Luis sahen die Apfelhexe sprachlos an. »Juhuuu!«, jubelten sie dann. »Und was haben Fritz und Frida dazu gesagt?«

»Schnatt!«, sagte Petronella grinsend. »Und sie haben gefragt, ob es dort auch Brötchen gibt.«

»Gibt es«, versprach Lea und lachte am allerbreitesten.

»Aber was werden Mama und Papa dazu sagen?«

»Nichts«, antwortete Luis. »Die zwei könnten doch Wildgänse sein. Und die dürfen wohnen, wo sie wollen.«

»Genau, und jetzt macht mal Platz. Wir müssen uns nämlich auf den Weg machen, bevor der ganze Hof aufwacht.« Petronella öffnete das Gatter, und Frida und Fritz kamen neugierig heraus. Sogleich griff die Apfelhexe nach ihrem Zauberstab und murmelte:

»Eene, meene, Storchenei,
Zauberkunst und Gaukelei,
Gänsefeder, Himmelsleiter,
aus Apfelhex wird Gänsereiter!
Schnatt, schnatt.«

Frida und Fritz wussten nicht, wie ihnen geschah. Sie schnatterten erschrocken auf, als sich Decken und Zaumzeug über ihre Rücken und Schnäbel legten.

»Keine Angst, meine Lieben!«, beruhigte sie Petronella in der Gänsesprache. »Ich bin gar nicht schwer. Wichtig ist nur, dass ihr zusammenbleibt und mir keiner verloren geht. Verstanden?«

Die Gänse schnatterten, und Petronella schüttelte die Apfelkerne in ihrer Tasche, bis sie klein genug war, um bequem auf einer Gans Platz nehmen zu können. Dann schickte sie ihren Besen voraus und kletterte auf Fridas Rücken, während Lucius auf Fritz landete. Verdutzt schaute sich Frida nach der kleinen Hexe um. Sie hatte noch nie in ihrem Leben ein Zaumzeug getragen. Petronella bewegte ganz behutsam die Zügel, und die

kluge Gans verstand sofort. Sie nahm Anlauf, streckte den Hals aus und schwang sich elegant in die Luft. Fritz schnatterte aufgeregt und beeilte sich hinterherzukommen. »Wir sehen uns zu Hause!«, rief die Apfelhexe und winkte den Kindern zu.

»Pass auf, dass du nicht runterfällst!«, rief Luis ihr hinterher.

»Ach was, Lucius wird mich schon auffangen!«, lachte die Apfelhexe und war im nächsten Moment hinter den Baumwipfeln verschwunden.

Eine echte Überraschung

Der Flug auf den Gänsen verlief tadellos. Obwohl Frida und Fritz das Fliegen nicht gewohnt waren, mussten sie nur ein einziges Mal auf einer Wiese zwischenlanden. Dann tauchten vor ihnen auch schon das Müllerhaus und der Mühlteich auf. Spargelzahn und Bohnenhals waren gerade in Lucius' Boot unterwegs, als die beiden Gänse neben ihnen auf dem Wasser landeten.

»Ooooh!«, riefen die Apfelmänner und mussten sich tüchtig festhalten, damit die Wellen sie nicht aus dem Boot warfen. »Verflixtes Federvieh!«, schimpfte Spargelzahn. »Könnt ihr nicht aufpassen?«

»Reg dich nicht auf, Spargelzähnchen. Ist ja noch mal gut gegangen!« Petronella hatte sich während der Landung gut an Fridas Halsfedern festgehalten und stand nun auf dem Rücken der Gans wie ein Pirat auf seinem Segelschiff.

»Pet… Pet… Petronella! Was machst du denn hier?«

Die Apfelhexe lachte. »Ich habe euch zwei neue Gartenbewohner mitgebracht. Darf ich vorstellen, das sind Frida und Fritz Gans!«

Die beiden Gänse neigten freundlich die Köpfe und probierten sogleich einen Schluck Wasser aus dem Mühlteich.

»Sie sollen hierbleiben?«, fragte Spargelzahn erstaunt.

»Ganz recht. Hätte ich sie nicht mitgenommen, wären sie als Gänsebraten auf dem Tisch gelandet«, antwortete die Apfelhexe. »Ich denke, wir werden alle gut miteinander auskommen.« Dann wandte sie sich an Frida. »Schnatteratt. Würdest du mich freundlicherweise am Bootssteg absetzen?«

»Mich auch bitte!«, rief Lucius, der sich tief in Fritz' Gefieder versteckt hatte.

Die Schnattergänse nickten und setzten ihre Passagiere trockenen Fußes auf dem Bootssteg ab. Petronella schüttelte die Apfelkerne in ihrer Hand und stand wieder in normaler Hexengröße da. Auch Lucius fühlte sich auf seinen eigenen Beinen deutlich wohler als auf dem Rücken einer Gans. Trotzdem sah er die Apfelmännchen streng an. »Was macht ihr eigentlich in meinem Boot?«, fragte er.

»Wir brauchen zwei neue Pompesel, um die Astlöcher zu reinigen«, erklärte Bohnenhals. »Und da du nicht da warst, haben wir uns dein Boot geborgt. Du hast hoffentlich nichts dagegen?«

»Natürlich nicht«, brummte der Hirschkäfer, obwohl es ihn schon ein bisschen ärgerte, dass die Apfelmännchen sein Boot einfach so genommen hatten.

»Genug geredet!«, entschied Spargelzahn. »Schnapp

dir ein Ruder und leg dich in die Riemen, Bohnenhals. Im Schilf wachsen prächtige Rohrkolben.«

Bohnenhals wollte gerade anfangen zu rudern, als Fritz auf sie zupaddelte und sich das Tau schnappte, das am Bug des Bootes befestigt war.

»Ooooh!«, riefen die Apfelmännchen erschrocken. Und »Aaah!« riefen sie, als der Gänserich sie im Handumdrehen bis zu der Stelle mit den Rohrkolben zog.

»Blubb. Es scheint, als wären Gänse nicht nur als Wächter zu gebrauchen.« Bommel, der Karpfen, tauchte neben dem Bootssteg auf.

»Du hast recht. Gänse haben viele Talente«, lächelte Petronella. »Ich hoffe, sie stören dich nicht.«

»Ach was. Dann habe ich wenigstens immer jemanden, mit dem ich mich unterhalten kann«, blubberte Bommel.

»Petronella! Schön, dass du wieder da bist!« Gurkenhut und Gambur kamen Seite an Seite auf die Apfelhexe zu. »Der Zwerg möchte uns morgen verlassen. Was meinst du, kannst du ihn nicht überreden, bis zum Herbst bei uns zu bleiben?«

Gambur tippte sich an die Zipfelmütze und grinste breit.

»Der Kerl hat wirklich fantastisch gearbeitet«, lobte

der Chef der Apfelmännchen. »Die Stecklinge sind gesetzt, die Beete gelockert, das Holz ist gesägt, und eine neue Wildblumenwiese hat er auch angelegt.«

»Wunderbar!«, schmunzelte Petronella. »Vielleicht kann Gambur tatsächlich im Herbst wiederkommen? Und vielleicht nimmst du seine Hilfe dann ganz ohne Murren an?«

Gurkenhut kratzte sich verlegen am Kopf. »Na ja, es war dumm von mir, mich gegen seine Hilfe zu sträuben … Nachdem ich mir den Zwerg zurechtgebogen hatte, war er doch eine ganz passable Hilfe.« Das Apfelmännchen grinste.

»He!«, protestierte Gambur lachend. »Wer hat hier wen zurechtgebogen, Apfelmann?«

»Warum klärt ihr das nicht heute Abend bei einem Willkommen-Abschieds-Sommerfest?«, schlug die Apfelhexe vor. »Ich habe nämlich vor, eine kleine Party für die Gänse, für Gambur und für uns zu veranstalten.« Die kleine Apfelhexe winkte ihren Freunden zu und marschierte dann schnurstracks zum Hühnerstall, um nach Nofretete & Co. zu sehen.

»Schade, dass die Brummmunds erst so spät nach Hause gefahren sind«, sagte Luis, als sie am nächsten Morgen zum letzten Mal auf der Terrasse frühstückten. »Was hätten wir für einen super Urlaub haben können, und jetzt geht es schon wieder nach Hause.«

»Also mir hat's gefallen«, brummte Herr Kuchenbrand hinter seiner Zeitung.

»Mir auch«, sagte Lea und ließ unauffällig das letzte Brötchen in ihrer Rocktasche verschwinden. »Denk doch nur an die vielen Tiere, die Ausfahrt mit den Pferden und den Heildelbären, den wir gerettet haben.«

Luis trat seiner Schwester unter dem Tisch gegen das Schienenbein, und Lea schlug erschrocken die Hände vor den Mund.

»Wie rettet man denn Heidelbeeren?«, fragte ihre Mutter belustigt.

»Man … man …«, stotterte Lea.

»Man isst alle auf einmal auf, damit sie nicht verderben«, schlug Herr Kuchenbrand schmunzelnd vor.

»Genau, Papa!« Lea lachte erleichtert.

Gleich nach dem Frühstück fingen die Zwillinge an zu packen. »Ihr scheint es ja sehr eilig zu haben, nach Hause zu kommen«, stellte Herr Kuchenbrand fest, als Luis seinen Rucksack vor die Tür stellte.

»Quatsch, Papa! Wir haben bloß solche Sehnsucht nach unseren Hühnern und dem Garten«, sagte Lea und zog Luis mit sich fort, um sich von den Hoftieren zu verabschieden.

»Was meinst du, ob Petronella mit Frida und Fritz auch sicher auf dem Mühlteich gelandet ist?«, fragte sie, während sie rüber zum Kaninchenstall gingen.

»Na klar. Petronella ist schließlich eine Hexe. Da kann nichts schiefgehen.«

»Na ja ...« Lea runzelte die Stirn. Sie dachte an den Zauber zu Lucius' Geburtstag, als Petronella sich versehentlich in ein Eichhörnchen verwandelt hatte.

Und dann verabschiedeten sie sich von den Kaninchen, der Katze, den Ziegen und den Pferden. Die Zwillinge wollten gerade ins Ferienhaus zurückkehren, als Rudi ihnen aufgeregt über den Weg lief. »Habt ihr zufällig die zwei dicken Gänse gesehen?«, wollte er wissen.

»Meinst du Frida und Fritz?«, fragte Lea.

Rudi nickte. »Irgendjemand hat das Gatter offen gelassen, und jetzt sind sie weg.«

»Och, die kommen bestimmt wieder«, meinte Luis und zwinkerte seiner Schwester zu.

»Das will ich hoffen. Die Brummmunds haben sie nämlich schon bezahlt. Wir sollen sie ihnen heute direkt nach Hause liefern!«

»Also, ich hoffe nicht, dass sie wiederkommen«, sagte Lea böse. »Ich finde es gemein, dass ihr Frida und Fritz verkauft, damit die Brummmunds Gänsebraten essen können!«

Rudi sah sie bedauernd an. »So ist das nun mal«, sagte er. »Wir müssen doch auch von etwas leben!« Und damit flitzte er auch schon los, um weiter nach den Gänsen zu suchen.

Schließlich war es so weit. Herr Kuchenbrand hatte das Gepäck im Auto verstaut und den Schlüssel zu ihrer Wohnung abgegeben. Dann rumpelten sie auch schon vom Hof.

»Hat euch der Urlaub gefallen?« Frau Kuchenbrand drehte sich zu ihren Kindern um.

»Ja, es war toll«, versicherte Lea.

Luis nickte. »Aber jetzt bin ich gespannt, was sich zu Hause alles getan hat.«

»Was soll sich in so kurzer Zeit getan haben?«, wunderte sich Herr Kuchenbrand. »Ich frage mich eher, ob Frau Apfelmus sich auch gut um eure Hühner gekümmert hat.«

»Bestimmt, Papa«, antwortete Lea und sah lächelnd aus dem Fenster.

»Sie kommen! Sie kommen!« Karottenwams hatte an der Auffahrt zum Müllerhaus Wache gestanden und flitzte jetzt durch den Garten zu Petronellas Apfelhaus.

Sofort trat die Apfelhexe vor die Tür. »Wir treffen uns an der alten Weide! Von dort hat man einen guten Blick auf das Müllerhaus und den Mühlteich.« Sie sprang auf Lucius Rücken und brauste davon.

Im selben Moment rumpelte das Auto der Kuchenbrands auf den Hof. Kaum hatte es gehalten, flogen die Türen auf, und die Kinder sprangen heraus. »Wir sehen gleich nach den Hühnern!«, rief Luis, und schon flitzten die beiden ums Haus herum.

Nofretete und ihre Freundinnen scharrten zufrieden im Sand. Als sie die Kinder kommen sahen, reckten sie die Hälse und fingen leise an zu gackern.

»Hallo, Mädels!«, rief Lea fröhlich. »Ich bringe euch gleich eine Banane vorbei. Aber zuerst müssen wir ganz kurz zum Mühlteich.«

Die Zwillinge sausten weiter zum Bootssteg und blieben dann wie angewurzelt stehen. Auf dem Teich schwammen zwei weiße Gänse. Ruhig und majestätisch glitten sie über das Wasser.

»Frida, Fritz«, lockte Lea die beiden mit leiser Stimme.

»Schnatt, schnatt!«, antworteten die Gänse freundlich und kamen herangeschwommen. Neugierig suchten sie mit ihren Schnäbeln nach dem Brötchen in Leas Rocktasche.

»Wie schön, euch zu sehen«, flüsterte sie und Luis nickte. Eine Weile verbrachten sie damit, das Brötchen gerecht zwischen den beiden aufzuteilen. Dann sah Luis sich um. »Komm mit. Jetzt suchen wir Petronella. Es gibt so viel zu erzählen.«

»Zuerst müssen wir unsere Sachen reinbringen, sonst kommt Mama uns suchen«, sagte Lea.

Auf dem Weg zum Müllerhaus warfen die Kinder wie immer einen Blick in die Krone der alten Weide. Und da saßen sie alle – Petronella, Lucius und die Apfelmännchen – und winkten ihnen fröhlich zu.

»Willkommen zu Hause!«, rief die Apfelhexe so leise, dass Herr und Frau Kuchenbrand sie nicht hören konnten. Doch plötzlich stockte Petronella der Atem. Gambur bog mit Schwung um die Ecke des Müllerhauses,

vor dem Herr Kuchenbrand noch immer das Auto entlud. Der Bäckermeister drehte sich um … Und im selben Moment stand Gambur wie versteinert da.

»Nanu? Wo kommt der denn auf einmal her?«, wunderte sich Herr Kuchenbrand. Die Zwillinge kamen heran und blieben mit offenen Mündern stehen. Sie wussten sofort, dass es sich um den Gartenzwerg handelte, der Petronella bei der Arbeit helfen sollte. So groß hatten sie ihn sich allerdings nicht vorgestellt.

»Er ist beinah so groß wie Petronella«, staunte Lea.

Und auch Herr Kuchenbrand war beeindruckt. »Das nenne ich mal einen anständigen Gartenzwerg«, sagte er und drehte sich zu seinen Kindern um. »Ihr habt nicht zufällig etwas damit zu tun?« Probehalber klopfte er dem Zwerg gegen die Zipfelmütze. Es klang so hohl, wie alle Gartenzwerge klingen, wenn man gegen ihre Mützen klopft.

»Er verstellt sich nur, oder?«, flüsterte Luis.

Lea nickte.

»Also raus mit der Sprache. Woher kommt dieser Zwerg? Ich finde ihn scheußlich und glaube kaum, dass er unseren Gästen gefallen wird.«

»Ähm …« Die Zwillinge sahen sich an. »Ann-Kathrin …« Lea räusperte sich. »Der Zwerg gehört Ann-Kathrin.«

»Und was macht er bei uns?« Herr Kuchenbrand sah seine Tochter forschend an.

»Auch ein Zwerg braucht mal Urlaub«, meinte Luis.

»Verstehe. Aber jeder Urlaub geht einmal zu Ende. Ich schlage vor, ihr ruft Ann-Kathrin an, damit sie das Ungetüm abholt.« Und mit diesen Worten verschwand ihr Vater im Haus.

Petronella und die anderen kletterten sofort von der Weide.

»Petronella!«, riefen die Zwillinge. »Du hast doch bestimmt eine Ahnung, wie der Gartenzwerg hierherkommt, oder?«

Petronella sah sich nach allen Seiten hin um. »Natürlich«, flüsterte sie und klopfte Gambur gegen den hohlen Bauch. »Poch, poch«, machte es dumpf. »Du kannst dich entspannen«, sagte sie. »Die Kinder wissen Bescheid.«

Da liefen feine Risse über die Gestalt des Zwerges, und Gambur drehte seinen Kopf von einer Seite zur anderen. »Sind Sie sicher, Madame, dass sich die beiden nicht vor Schreck in die Hosen machen?«

Lea sah ihn empört an. »Wir machen uns nicht in die Hosen, Herr Zwerg. Wir hatten es schon mit Hexen, Waldschraten und Zauberern zu tun.«

»Schon gut, schon gut«, brummte Gambur. »Ihr scheint tatsächlich recht unerschrockene Kinder zu sein. Aber lasst uns lieber von hier verschwinden. Ich wollte mich ohnehin nur verabschieden.«

»Kommt mit hinter die Brombeerhecke«, schlug Gurkenhut vor. »Da sind wir vor neugierigen Blicken sicher.«

Luis konnte sich an Gambur gar nicht sattsehen.

»Da staunst du mein Junge, nicht wahr? Ich wette,

ich bin der erste lebendige Gartenzwerg, den du zu Gesicht bekommst«, lachte Gambur gutmütig.

»Das sind Sie«, sagte Luis. »Um ehrlich zu sein, ich hätte nicht gedacht, dass echte Gartenzwerge so groß sind.«

»Da siehst du es, man lernt nie aus«, antwortete Gambur und schulterte sein Bündel. »Macht es gut, alle miteinander. Wir sehen uns im Herbst, wenn mir nichts dazwischenkommt!« Am Zaun von Petronellas Garten drehte er sich noch einmal um. »Es war mir eine Freude, Sie kennenzulernen, Madame Apfelmus!«

»Die Freude ist ganz auf meiner Seite!«, erwiderte Petronella genauso höflich. »Gute Reise, und pass auf die Greife auf. Die sind in diesem Jahr ganz besonders frech!«

»Maike! Kinder! Habt ihr das gesehen? Da schwimmen Gänse auf dem Mühlteich!«

»Wir müssen los, bevor Papa uns suchen kommt«, lachten die Zwillinge.

»Geht nur«, nickte die Apfelhexe. »Aber kommt nachher zu mir in den Apfel. Ich bin gespannt, was ihr alles zu erzählen habt.«

Sabine Städing (rechts), in Hamburg geboren, hat sich schon als Kind gerne Geschichten ausgedacht. Inzwischen veröffentlicht sie erfolgreich Kinder- und Jugendbücher. Sie lebt immer noch im Norden, ganz in der Nähe von Hamburg.

SaBine Büchner hat Kommunikationsdesign und Animation studiert und bereits zahlreiche Bücher illustriert sowie eigene Bilderbücher veröffentlicht, die mit verschiedenen Preisen ausgezeichnet wurden. Sie lebt in Berlin.

Sommer, Sonne, Sonnenschein

Wer liebt nicht die Sommerferien? Faulenzen, baden gehen, Urlaub machen, spielen und Abenteuer erleben ist dann alles, was es zu tun gibt. Petronella hat auch noch ein paar Ideen für euch gesammelt, womit ihr euch die Zeit vertreiben könnt. Zum Beispiel ein Mobile zu basteln, Limonade zu machen oder eine Wildblumenwiese anzulegen. Oder doch lieber ein Kreuzworträtsel? Und findet ihr den Weg durchs Labyrinth?

Bastele ein Mobile

Du brauchst dafür:

- einen Zweig
- Faden
- ausgeschnittene Anhänger aus den Buchklappen
- weitere Anhänger nach Wahl: Trockenblumen, Steine, Glasperlen, Holzperlen, Federn oder was auch immer dir gefällt

In den Klappen dieses Buches findest du vier Anhänger für ein schönes Mobile mit Bildern von Petronella und ihren Freunden. Sogar Fritz und Frida sind dabei! Schneide sie aus und stanze oben ein Loch hinein.

Außerdem kannst du das Mobile noch mit weiteren Anhängern deiner Wahl ausstatten: Federn, Zapfen, Ranken, aber auch Trockenblumen und Perlen passen gut in Petronellas Gartenwelt.
Binde an alle Teile unterschiedlich lange Fäden. Befestige auch an dem Zweig einen Faden zum Aufhängen. Probiere aus, ob der Zweig gerade hängt, sonst musst du den Faden noch etwas verschieben. Nun bindest du alle Aufhänger an den Zweig. Sitzt alles, wie es soll? Dann kannst du dein Mobile aufhängen.

Wer steht wo?

Gurkenhut steht vor einem Rätsel. Seine Männer haben nach der Auseinandersetzung mit den Hornissen vergessen, wie sie in einer Reihe gestanden haben. In dieser Reihenfolge wollen sie jedoch gemeinsam zum Mühlteich laufen, um dort zu baden.

Gurkenhut überlegt, wer wo gestanden hat und geht alles noch einmal durch. Hilfst du ihm beim Überlegen? Trage die richtige Reihenfolge unter den Apfelmännchen ein.

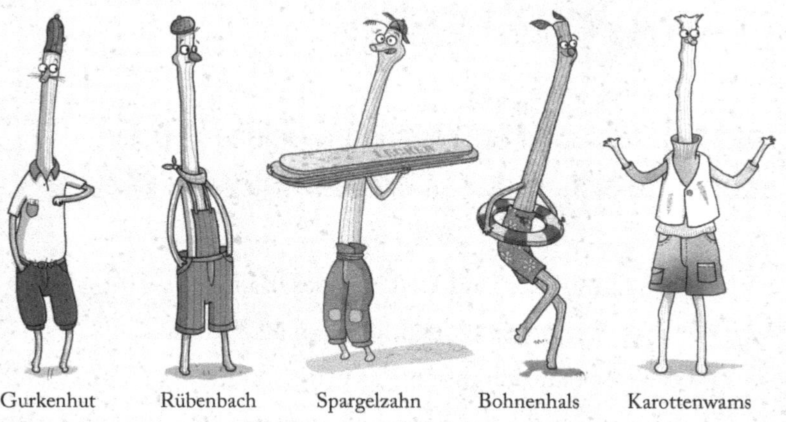

1. Karottenwams stand direkt links neben Rübenbach.
2. Bohnenhals stand zwischen zwei anderen Apfelmännchen.
3. Zwischen Karottenwams und Spargelzahn befanden sich Rübenbach und Bohnenhals.
4. Spargelzahn ist rechts von Bohnenhals.
5. Rübenbach stand links von Bohnenhals.

Die Auflösung findet ihr auf der letzten Seite.

Rätselzeit

Hast du das Buch aufmerksam gelesen? Dann kannst du sicher dieses Kreuzworträtsel lösen.

1. Wohin fahren Lea und Luis in den Urlaub?
2. Welches Tier begegnet den Kindern als Erstes?
3. Wer hat Rübenbach in die Nase gestochen?
4. Wen begrüßen die Apfelmännchen nur widerwillig im Garten, obwohl er ihnen helfen soll?
5. Wer lebt in einem Häuschen in der Heide und hat ein Telefon ohne Kabel?
6. Was ist der kleine blaue Bär, den Lea und Luis finden, für ein Wesen?
7. Was für Tiere sind Fritz und Frida?

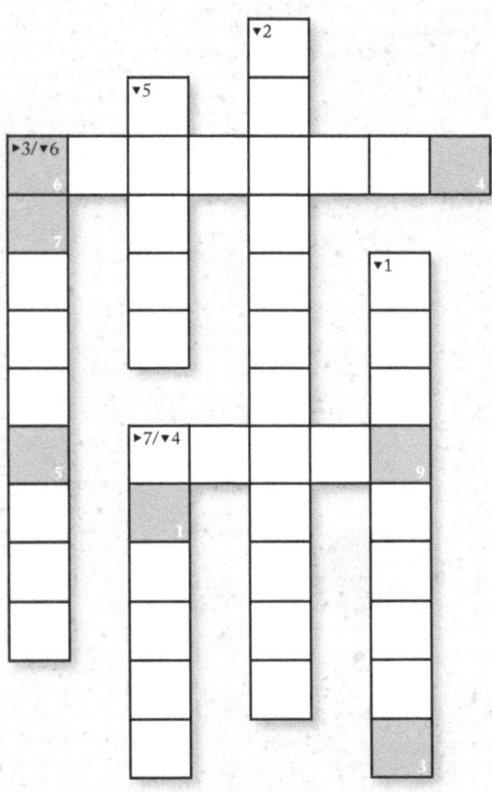

1	P	3	4	5	6	7	X	9

Die Auflösung findet ihr auf der letzten Seite.

Schnelle Limo

Wenn es richtig warm ist, erfrischt eine gut gekühlte Limo wunderbar. Petronella verrät dir ihr Geheimrezept für wahre Hexen und Magier!

Das brauchst du dafür:

- Eine Karaffe oder ein Gefäß mit Zapfhahn
- Sprudelwasser
- Apfelsaft
- frische Pfefferminze
- 1-2 Zitronen
- Eiswürfel

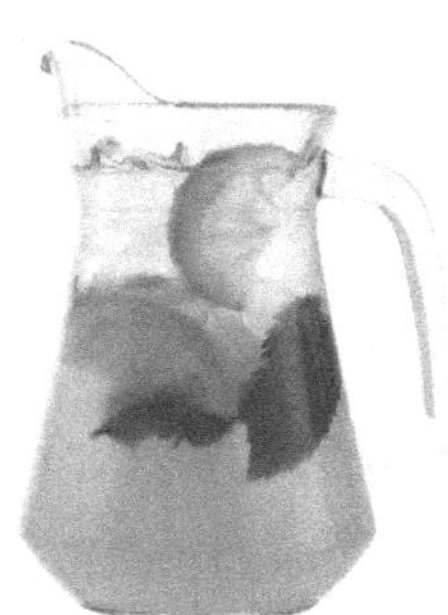

Und so geht's:

Für 1 Liter dieser leckeren Limonade nimmst du 800 ml Sprudelwasser und 200 ml Apfelsaft. Dazu 3 Stängel der frischen Minze, 2-3 Scheiben Zitrone und ein paar Eiswürfel. Hast du ein größeres Gefäß, nimmst du einfach entsprechend mehr von allem. Lass das Ganze 15 Minuten stehen, damit Minze und Zitrone ihren Geschmack ins Wasser abgeben können.

Die eigene Wildblumenwiese

Petronella nutzt ihre wilde Wiese, um aus den Blumen und Kräutern, die dort wachsen, Heiltränke und Salben anzufertigen. Doch nicht nur dafür ist eine Wildblumenwiese nützlich. Alle möglichen Insekten sind auf den Nektar von Wildblumen als Nahrung angewiesen.

Das brauchst du dafür:

- Wildblumensamen
- Sand
- Harke
- Walze oder Bretter
- Fläche zum Aussähen
- Schüssel
- Gießkanne mit Siebaufsatz

Am besten legst du deine Blumenwiese im Spätsommer an, zwischen Ende August und Ende September.

Wenn du eine Fläche gefunden hast, wo du die Samen aussähen kannst, musst du diese erst mal vorbereiten. Rasen muss umgegraben werden, ein Grünstreifen oder Beet von den darin wachsenden Pflanzen befreit werden. Nun harkst du die Erde mit einer breiten Harke.

Als Nächstes mischt du in einer Schüssel deine Blumensamen in einem Verhältnis von 1:10 mit Sand. So stellst du sicher, dass alle Keimlinge genug Platz zum Wachsen haben.

Verstreue nun die Sand-Samen-Mischung auf deiner Fläche. Das Ganze muss jetzt noch angedrückt werden. Dazu kannst du eine Walze benutzen, wenn ihr eine habt. Ansonsten tun es aber auch zwei kurze Bretter, die du dir unter die Füße schnallen kannst. Damit kannst du die Fläche ablaufen und so die Samen andrücken.

Zum Schluss noch einmal vorsichtig mit der Gießkanne mit Siebaufsatz bewässern. Kontrolliere am besten jeden Tag morgens, wie es deiner Fläche geht. Ist sie zu trocken, gießt du sie. Und irgendwann zeigen sich dann die ersten Pflänzchen am Boden.

Das Labyrinth

Petronella hat auf die Wiese zwischen ihrem Garten und dem Haspelwald ein Heckenlabyrinth gezaubert. Doch die neugierigen Gänse Fritz und Frida sind hineingelaufen und am Ausgang in eine Gänsefalle geraten. Kannst du Lea und Luis helfen, sie zu finden? Dann können die Kinder die Gänse befreien.

Die Auflösung findet ihr auf der letzten Seite.

Auflösungen

Seite 215:

Wer steht wo? 1. Karottenwams, 2. Rübenbach, 3. Bohnenhals, 4. Spargelzahn

Seite 217:

				H			
		E		E			
H	O	R	N	I	S	S	E
E		I		D			
I		K		S		B	
D		A		C		A	
E				H		U	
L		G	Ä	N	S	E	
B		A		U		R	
Ä		M		C		N	
R		B		K		H	
		U		E		O	
		R				F	

A	P	F	E	L	H	E	X	E

Seite 225: